Reclams Städteführer Düsseldorf

Reclams Städteführer · Architektur und Kunst

Düsseldorf

Von Hannah Schiefer

Reclam

RECLAMS UNIVERSAL-BIBLIOTHEK Nr. 14467
2024 Philipp Reclam jun. Verlag GmbH,
Siemensstraße 32, 71254 Ditzingen
Umschlagabbildung: Blick auf Medienhafen (rechts) und Rheinturm – © shutterstock.com / engel.ac
Hintere Umschlagklappe: oben: Der Kö-Bogen – © shutterstock.com / engel.ac; unten: Innenraum von St. Andreas – © shutterstock.com / alfotokunst
Druck und Bindung: EsserDruck Solutions GmbH,
Untere Sonnenstraße 5, 84030 Ergolding
Printed in Germany 2024
RECLAM, UNIVERSAL-BIBLIOTHEK und
RECLAMS UNIVERSAL-BIBLIOTHEK sind eingetragene Marken der Philipp Reclam jun. GmbH & Co. KG, Stuttgart
ISBN 978-3-15-014467-1
www.reclam.de

Inhalt

Düsseldorf – Landeshauptstadt und rheinische Kulturmetropole 7
Stadtgeschichte in Zahlen 17
Kulturkalender 22
Rundgänge 23

Altstadt und Stadtmitte 26
Von Nord nach Süd durch die Altstadt 26
Das Rheinufer zwischen Oberkasseler Brücke und Altem Hafen 46
Der Hofgartenbereich 50
Südlich des Hofgartens 60
Vom Kö-Bogen die Königsallee hinunter 64
Die übrige Stadtmitte östlich der Kö 72

Der Süden 79
Das Rheinufer zwischen Altem Hafen und Rheinkniebrücke 79
Rund um den Hafen 83
Von der Carlstadt nach Unterbilk 95
Friedrichstadt 110
Weitere Ziele im Süden 112

Der Osten 129
Vom Hauptbahnhof nach Flingern 129
Weitere Ziele im Osten und Nordosten 135

Vom alten GeSoLei-Gelände nach Norden 142

Westlich des Rheins 170

Museen in Düsseldorf 181

Anhang

Nachweis der Karten und Abbildungen 187
Karten 188
Weiterführende Informationen 192
Register 195
Zur Autorin 200

Düsseldorf – Landeshauptstadt und rheinische Kulturmetropole

Düsseldorf ist eine wirtschaftliche Metropole und Kulturhochburg, die ihre Identität v. a. aus der Lage am Rhein bezieht. Anders als bei ihren linksrheinischen Nachbarn liegt ihr Reiz weniger in den antiken und frühmittelalterlichen Strukturen als in den architektonischen und städtebaulichen Errungenschaften der Neuzeit und Moderne. Statt Düsseldorf aber eine Traditionslosigkeit zu attestieren, kann der Stadt eine bemerkenswerte Vielfalt zuerkannt werden, die nur über die kontinuierlich fortgesetzte Bereitschaft zu Wandel und Erneuerung verstanden werden kann. Dieser gerade in der heutigen Zeit wieder aktuelle Gedanke der transformativen Stadt zeigt sich hier an städtebaulichen, architektonischen und gartenkünstlerischen Maßnahmen verschiedenster Epochen. Vor allem in den 1920er und 1950er Jahren entstanden in Düsseldorf innovative Bauten, die nicht nur die Stadtgeschichte, sondern die gesamtdeutsche Architekturgeschichte beeinflussen sollten. Die architektonischen Ausformulierungen bildeten nicht selten Maßstäbe und wurden teilweise zu international wirksamen Vorbildern.

Die Anfänge der erstmals im 12. Jh. erwähnten Stadt lassen sich anhand der Kaiserpfalz in Kaiserswerth und mehrerer romanischer Sakralbauten wie der Martinskirche in Alt-Bilk anschaulich nachvollziehen. Die Schlacht bei Worringen 1288 und die daraus resultierende Distanzierung der Grafen von Jülich und Adolf von Berg vom Kölner Erzbischof bildeten die Voraussetzung für die im selben Jahr erfolgte Stadterhebung. Zu jener Zeit setzte sich die Stadt aus einem nördlich der Düssel gelegenen, annähernd quadratischen Geviert zusammen, das lediglich von einer 200 m langen Straße mit dem Namen

»Altestadt« strukturiert wurde. Die von Westen nach Osten verlaufende Straße bog dort am Rhein Richtung Süden ab, wo sich noch heute die Lambertuskirche befindet. Im 14. Jh. entstand unter dem Grafen von Berg mit der Burganlage südlich der Stadt ein weiterer Großbau am Rheinufer. Die folgenden Entwicklungen wurden durch das Bestreben der adeligen Landesherren hinsichtlich eines Ausbaus zur Residenzstadt bestimmt. Nach der Übernahme der Grafschaft Berg durch den Grafen von Jülich und dessen Ernennung zum Herzog kam es zur Eingemeindung von Bilk, Derendorf, Golzheim und Hamm. Innerhalb des der heutigen Altstadt entsprechenden, durch einen neuen Mauerring begrenzten Gebiets entstand ein Straßennetz, das sich an der »Altestadt«-Straße orientierte. Neben der Erweiterung der Lambertuskirche zur herzoglichen Grabeskirche und Wallfahrtsstätte kam es im 15. Jh. zur Ansiedlung des Kreuzherren-Ordens. Im Anschluss an den im Jahr 1511 erfolgten Übergang des Hauses Jülich-Berg an das Haus Kleve erfolgte ab 1521 der Ausbau der Stadt zur Hauptresidenz. Entsprechend der gesteigerten Machtposition wurde der Ausbau der Burg vorangetrieben, ein Rathaus und Marktplatz, eine Befestigungsanlage und südlich der Stadt vorgelagert eine Zitadelle wurden erbaut.

Nach der aufgrund eines Erbfolgestreites erfolgten Übertragung des Herzogtums Berg und Jülich an die Pfalz-Neuerburger Wittelsbacher im Vertrag von Xanten 1614 kam es unter dem kath. Herzog Wolfgang Wilhelm zu einer Sakralisierung des Stadtbildes. Die Ansiedelung verschiedener Ordensgemeinschaften wie Kapuziner und Jesuiten hatte bis ins 18. Jh. Bauprojekte mit religiöser und sozial-caritativer Funktion zur Folge, die das Stadtbild nachhaltig prägen sollten. Den Höhepunkt der gegenreformatorischen Entwicklungen markierte der ab 1622 entstandene, frühbarocke Bau der Andreaskirche. Teilweise bereits seit dem 16. Jh. bestehende, evang. Kirchen-

Feuerwerk auf dem Rhein im Jahr 1585 aus Anlass der Hochzeit von Johann Wilhelm von Jülich-Kleve-Berg mit Jakobe von Baden; im Hintergrund das Düsseldorfer Schloss; Kupferstich von Frans Hogenberg

gemeinden erhielten erst unter Johann Wilhelm II. von der Pfalz (im Volksmund »Jan Wellem«) die Berechtigung zur Errichtung von (städtebaulich unauffälligen) Kirchenbauten. Ab der Übernahme der pfälzischen Kurwürde im Jahr 1690 verhalf der mit dem Kaiser, den Königen von Portugal und Spanien sowie dem Großherzog der Toskana verschwägerte Jan Wellem der damaligen Provinzstadt durch seine kulturellen Aktivitäten zu einer Blütezeit. Seine zweite Frau, Anna Maria Luisa de Medici, trug mit Vermögen und kulturellen Verbindungen maßgeblich zum kulturellen Ausbau der Stadt bei. Weil einzelne Projekte nicht umgesetzt wurden und verschiedene Bauten dieser Zeit abgerissen wurden, wie z. B. das Galeriegebäude, das eine der berühmtesten Gemäldesammlungen jener Zeit beinhaltete, zeugen heute nur noch wenige Objekte von dem ambitionierten Anspruch des absolutistischen Residenzprogramms. Im Zuge von Stadterweiterungsplänen kam es im Süden zur Errichtung einer Kasernenanlage.

Nach dem Tod des 1716 kinderlos und hochverschuldet verstorbenen Jan Wellem kam erst mit Karl Theodor (Kurfürst 1742–99) wieder ein städtebaulicher Aufschwung. Neben einer aufgeklärteren Baupolitik, die sich an den Bedürfnissen der Bevölkerung orientierte, verfolgte man nun erneut ehrgeizige, fürstliche Bauprojekte. Unter der Leitung Nicolas de Pigages entstand südlich der Stadt Schloss Benrath mit Garten – mit seiner Einheit aus Architektur, Ausstattung und Park gehört es zu den bedeutendsten Rokoko-Anlagen. Zusätzlich war Pigage an dem innerstädtischen Projekt der Umwandlung des Hofgartens zum ersten öffentlichen Stadtgarten beteiligt. 1773 kam es zur Gründung der Kurfürstlichen Pfälzischen Akademie, der späteren Düsseldorfer Kunstakademie. An die Erweiterungspläne Jan Wellems anknüpfend erfolgte unter Karl Theodor auch die Konzeption des zwischen Altstadt, Zitadelle und Kaserne geplanten Viertels der Carlstadt mit streng orthogonaler, klassizistischer Struktur und neuen eher breit gelagerten, zweigeschossigen Fassaden, die bis nach 1850 vorbildlich bleiben sollten. Die südlich und östlich beginnende Verschmelzung von vor- und innerstädtischer Bebauung sollte die Grundlage für die Entwicklung Düsseldorfs zur Gartenstadt bilden. In der Folge entstanden mehrere suburbane Adelsresidenzen, von denen sich einige zu künstlerischen Zentren entwickelten.

Nach einer starken Bombardierung der Stadt durch französische Truppen im Jahr 1794 wurden die Schleifung der Fes-

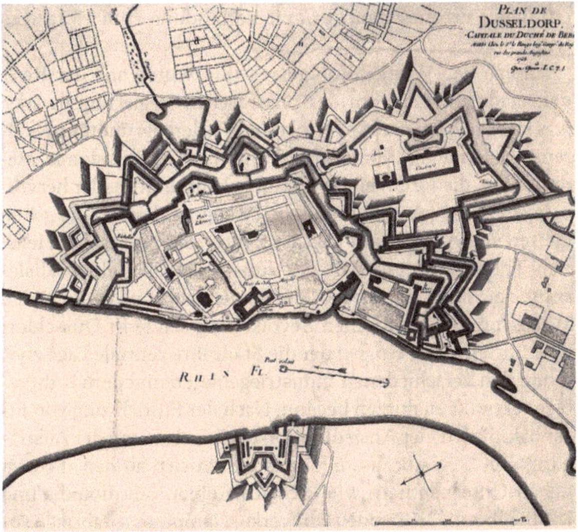

Georges Louis Le Rouge: *Plan de Dusseldorp, Capitale du Duché de Berg* (»Karte der Festung Düsseldorf mit dem linksrheinischen Fort Düsselburg«), 1758

tungsmauern und die Umgestaltung des Festungsgeländes eingeleitet. Verantwortlich für die städtische Neugestaltung waren Hofbaumeister Kaspar Anton Huschberger und ab 1806 Baudirektor Adolph von Vagedes, jeweils in Zusammenarbeit mit dem Landschaftsgärtner Maximilian Friedrich Weyhe. Über Maßnahmen wie das Anlegen von öffentlichen Promenaden und Gärten sollte im Übergangsbereich zwischen Vor- und Innenstadt an zwei Prachtalleen, die mit der Königsallee (im Volksmund »Kö«) Wahrzeichen-Charakter annehmen sollten, ein neues urbanes Zentrum mit Verbindung zum Hofgarten entstehen.

Infolge des Wiener Kongresses 1815 wurde aus der Residenzstadt ein Zentrum des preußischen Regierungsbezirks, was sich auch bei der 1819 erfolgten Wiederbegründung der alten Akademie als Königlich-Preußische Kunstakademie niederschlug, die fortan eine Vielzahl bekannter Künstler hervorbringen sollte. Architektonisches Zeugnis dieser Zeit geben Bauten von Adolph von Vagedes, Anton Schnitzler und Heinrich Theodor Freyse. Mit der zunehmenden Industrialisierung, der Aufhebung des Kölner Stapelrechts und dem rapiden Wachstum der städtischen Bevölkerung setzte in Düsseldorf eine Entwicklung ein, bei der die Stadt ihre zentrale Lage zwischen den verschiedenen Industriegebieten und dem Ruhrgebiet verstärkt zu nutzen begann. Nach der Einrichtung von Eisenbahnlinien, der Ansiedlung erster Fabriken und der Austragung von Gewerbeausstellungen ließen sich ab den 1850ern neben Unternehmern wie Richard, Gobiet, Bourdouxhe und J. P. Piedbœuf, die Puddelstahlwerke, Dampfkesselfabriken sowie Blech- und Nagelwerke errichteten, auch größere Firmen wie Poensgen, Haniel und Henkel in Düsseldorf nieder. Die Nachfrage belgischer Industrieller nach Backstein zur Errichtung von Fabrikbauten und Arbeiterwohnungen trug auch zur Etablierung des Materials im Stadtbild bei. Die fortschreitende Industrialisierung förderte ein verstärktes städtisches Wachstum. Mit dem nach dem damaligen Städteplaner benannten Stübben-Plan wurde in den 1880ern ein Konzept vorgelegt, das durch große Ring- und Radialstraßen bestimmt wurde und eine Vereinheitlichung des Schienenverkehrs vorsah. Mit der Anlage des linksrheinischen Stadtteils Oberkassel mit seinen in Historismus- und Jugendstilformen errichteten Wohnhäusern wurde auch der Bau der ersten innerstädtischen Rheinbrücke nötig.

Zwischen 1890 und 1960 vollzogen sich in Düsseldorf urbanistische Entwicklungen, welche den Wandel der Stadt zu einer Industrie-, Messe-, Verwaltungs- und Finanzmetropole maßgeblich vorantrieben und den Grundstein für das heutige Selbstverständnis der Stadt als wirtschaftlich innovative Kultur- und Medienstadt legen sollten. Ab 1900 war Düsseldorf maßgeblich an dem sog. Westdeutschen Impuls beteiligt. Der Düsseldorfer Reformgeist schlug sich u. a. in Bauten von Theodor Balzer, Paul Bonatz, Hermann von Endt, Otto Engler, Wilhelm Elmpt, Walter Furthmann, Fritz Hofmeister, Wilhelm Hoppe, Josef Kleesattel, Wilhelm Kreis, Caspar Clemens Pickel, Johannes Radke, Heinrich Salzmann, Julius Stobbe, Wilhelm Verheyen und Lyonel Wehner nieder. Für das Stadtbild eher marginal war der Einfluss von Peter Behrens, der unmittelbar nach seiner Darmstädter Zeit Direktor der Düsseldorfer Kunstgewerbeschule wurde. Stattdessen trugen v. a. die 1902 veranstaltete Kunst- und Gewerbeausstellung am heutigen Ehrenhof und Rheinpark zur Stärkung des Selbstbewusstseins der rheinischen Stadt bei. In den folgenden Jahren ließen sich große Banken und Industriekonzerne nieder und errichteten repräsentative Firmensitze wie Radkes Stahlhof. Im ersten Jahrzehnt des 20. Jh.s lieferte auch Walter Maria Olbrich Pläne für das Warenhaus Tietz (heute Kaufhof), das die Warenhausarchitektur entscheidend prägen sollte. Während Behrens mit seinem neoklassizistischen Verwaltungsbau für die Mannesmannwerke Anerkennung finden sollte, blieben die Architekten von Sakralbauten noch weitgehend einer historistischen Formensprache treu. Mit Architekten wie Fritz Becker, Karl Haake, Gotthold Nestler, Bernhard Pfau, Heinrich Rosskotten, Hans Tietmann und Karl Wach kam es ab den 1920ern zu neuen, zwischen Heimatschutz- und Avantgarde-Architektur vermittelnden Impulsen. Die 1926 eröffnete Ausstellung für Gesundheitspflege, Sozialsorge und Leibesübung (GeSoLei) brachte den Anspruch der Stadt als moderne Metropole mit vier, von Wilhelm Kreis entworfenen, noch heute erhaltenen Dauerbauten und über hundert, von Architekten wie Max Taut und Bruno Paul konzipierten Pavillons zur Anschauung. Davon inspiriert entstanden im Wohnungsbau mit Siedlungen wie dem u.a. von Fritz Hofmeister konzipierten Michaelhof ästhetisch und funktional innovative Lösungen, die dadurch, dass sie Baulücken füllten, auch eine stärkere Geschlossenheit der Stadt förderten. Büro- und Verwaltungsbauten wie z.B. die Verwaltung des Stumm-Konzerns von Bonatz oder das von Kreis entworfene Wilhelm-Marx-Haus sollten nicht nur Maßstäbe setzen für die Entwicklungen des Hochhausbaus, sondern trugen auch zur Etablierung eines modernen Stadtkerns bei.

Zur Zeit des Nationalsozialismus wurden trotz großer Planungen nur wenige, der Nazi-Ideologie entsprechende Bauten errichtet. Im Zuge der Ausstellung »Schaffendes Volk« kam es lediglich zum Bau einer modernen, da teilweise von Architekten der GeSoLei konzipierten Ausstellungsarchitektur und einer zwischen Heimatschutz und Avantgarde-Architektur liegenden Wohnsiedlung. Stattdessen hatten die Beziehungen einzelner Architekten zum Nazi-Regime erst nach dem Krieg Einfluss auf die Bauproduktion. Dem für die Wiederaufbaupläne verantwortlichen Albert Speer standen dabei u.a. Architekten wie Bonatz und Kreis, aber auch jüngere Architekten wie die Studienfreunde Helmut Hentrich, Julius Schulte-Frohlinde und Friedrich Tamms zur Seite. Bei dem durch den Architektenring Düsseldorf (u.a. mit Pfau und Josef Lehmbrock) initiierten Düsseldorfer Architekturstreit wurde Tamms vorgeworfen, ehemals hochgestellte Freunde aus dem Stab des Generalbauinspektors wie Hentrich und Schulte-Frohlinde bei der Vergabe von Aufträgen und der Berufung zu Ämtern zu bevorzugen. Der medienwirksame Streit und die innovativen, baulichen Aktivitäten von Pfau, Lehmbrock, Paul Schneider-Esleben und Hans Schwippert führten dazu, dass die architektonischen Entwicklungen der folgenden Jahrzehnte vielfältiger ausfielen.

Die durch den zunehmenden Verkehr der 1960er und 1970er Jahre entstandene Verschiebung des städtebaulichen Konzepts zu einer autogerechten Stadt hatte den Bau u. a. mehrerer, die Stadt durchziehender Hochstraßen, von Rheinbrücken und einer vierspurigen Rheinuferstraße zur Folge, was Barrieren zwischen Rhein, angrenzenden Grünflächen und der Innenstadt schuf. Neben blutleeren Hochhäusern mit Lochrasterfassaden entstanden auch ästhetisch hochwertige Bauten wie das von Schneider-Esleben entworfene Mannesmann-Hochhaus und dessen symptomatisch für diese Zeit stehende Haniel-Garage. Die Leichtigkeit der neuen Konstruktionen aus Stahl, Glas und Beton wurde auch von Hentrich aufgegriffen und über die Zusammenarbeit mit Hubert Petschnigg im neu gegründeten Büro HPP mit dem Dreischeibenhaus zur Perfektion gebracht. Pfau stellte diesem das sowohl in Formensprache als auch in Materialien kontrastierende Schauspielhaus gegenüber. Im Bereich des Sakralbaus schuf neben Schneider-Esleben, Lehmbrock und Schwippert auch Gottfried Böhm entscheidende Beiträge zur Nachkriegsarchitektur. Die maßstablose Übertragung moderner Ideen auf verschiedene urbanistische Projekte führte ab den 1960ern sowohl städtebaulich als auch architektonisch zur Verfestigung funktional abgetrennter, geschlossener Bezirke und Bereiche. Aufgrund einzelner im Zuge städtebaulicher Neugestaltung erfolgter Abrisse, Veränderungen und Erweiterungen sind viele bedeutende Bauten verschwunden (z. B. das ehem. Rheinstadion) oder weisen nur noch eine fiktive Historizität auf. Neubauten wie die Kunstsammlung NRW mit ihrer geschwungenen, reflektierenden Fassade und das neue Landtagsgebäude am Rhein bilden paradigmatische Beispiele der Postmoderne.

Mit der Verlegung der Rheinuferstraße in den Mitte der 1990er eröffneten Tunnel konnten Rheinpark und Ehrenhof über eine neu geschaffene Flaniermeile mit dem Landtag und dem Medienhafen an Kai- und Speditionstraße verbunden werden. Der Rhein wurde durch diese mehrfach prämierte Planung entsprechend dem Düsseldorfer Selbstverständnis als Gartenstadt wie ein gartenkünstlerisches Gestaltungselement in die städtebaulichen Strukturen eingebunden. Durch eine kontextbezogene Gesamtplanung des Hafengeländes konnte von der Rheinkniebrücke bis zur Kessel-, Kai- und Speditionstraße eine heterogen gestaltete, durch unterschiedliche Entwicklungsschübe gekennzeichnete Hafenlandschaft entstehen, die allerdings auch vor Augen führt, dass die Bauaufgabe Hochhaus Architekten weiterhin Schwierigkeiten bereitet. Im ehem. Zoll- und Handelshafen reihen sich alte Speicherhäuser, maritim anmutende Architektur wie die des WDR-Medienschiffs, dekonstruktivistische Signature-Bauten und modernste Hochhausarchitektur wie das Sign oder der als Verbindungsglied zwischen den Halbinseln dienende Büro- und Gastronomiekomplex Pier One aneinander. Neueste städtebauliche Planungen lassen ein Bewusstsein erkennen, nach dem das Düsseldorfer Stadtbild weniger von prestigeträchtigen Einzelgebäuden als v. a. von städtebaulichen Elementen wie dem Hofgarten, der Kö und dem Rheinufer profitieren soll. Es bleibt zu hoffen, dass auch in Zukunft die Verpflichtung gegenüber dem baugeschichtlichen Erbe mit dem Auftrag für eine ökonomisch und ökologisch attraktive sowie bürgernahe Stadt vereinbart werden kann.

Stadtgeschichte in Zahlen

um 50 v. Chr.	Das linksrheinische Gebiet wird Teil des Römischen Reiches.
5. Jh. n. Chr.	fränkische Besiedlung im Bereich des Stadtgebietes
8. Jh.	Errichtung von Alt St. Martin
1045	Gründung der Kaiserpfalz in Kaiserswerth durch Kaiser Heinrich III.
12. Jh.	erste urkundliche Erwähnung eines Grundbesitzes in *Dusseldorp*
1181	Kaiserswerth wird Reichsstadt.
1288	Schlacht von Worringen; Stadterhebung Düsseldorfs
1322	erster Nachweis eines Stadttors
1380	Graf Wilhelm II. von Jülich-Berg wird zum Herzog ernannt und in den Reichsfürstenstand erhoben.
1386	Verlegung der herzoglichen Residenz von Schloss Burg an der Wupper nach Düsseldorf
1496	Klever Union mit Erbeinung aller Länder von Jülich-Berg und Kleve-Mar
ab 1538	Anlegung der Zitadelle
1545	Gründung des ersten städtischen Gymnasiums
1570–73	Bau eines Rathauses am Markt
ab 1609	Erbfolgestreit zwischen Brandenburg-Preußen und Pfalz-Neuburg um Jülich-Kleve-Berg
1614	Vertrag von Xanten mit vorläufiger Einigung beim Erbfolgestreit
ab 1622	Bau der Andreaskirche
1624	Verbot der freien Religionsausübung im Zuge der Gegenreformation
1666	Vertrag von Kleve mit Besitzübernahme der

	Herzogtümer Jülich und Berg durch Wolfgang Wilhelm von Pfalz-Neuburg
Mitte der 1680er Jahre	Bau der protestantischen Neanderkirche und der Berger Kirche
1690	Pfalzgraf Johann Wilhelm (»Jan Wellem«) wird Kurfürst der Pfalz.
ab Ende des 17. Jh.s	Umbau und Modernisierung des Schlosses mit Unterbringung der Gemäldesammlung
1702	Im Spanischen Erbfolgekrieg werden Festung und Stadt Kaiserswerth schwer beschädigt.
1742	Karl Theodor wird als Karl IV. Pfalzgraf und Kurfürst von der Pfalz sowie Herzog von Jülich-Berg.
1752–63	Bau von Schloss Jägerhof
1755–73	Bau von Schloss Benrath
1773	Gründung der Kurfürstlichen Pfälzischen Akademie
ab 1787	Anlage der Carlstadt
ab 1796	Im Zuge des Ersten Koalitionskriegs besetzen französische Truppen links- und rechtsrheinische Gebiete einschließlich der Hauptstadt Düsseldorf.
1801	Nach dem Zweiten Koalitionskrieg erkennt das Heilige Römische Reich im Frieden von Lunéville die französischen Annexionen links des Rheins an.
ab 1802	Schleifung der Festungsruinen und Umgestaltung der Flächen; Anlage des Hofgartens
ab 1803	Säkularisation mit weitgehender Enteignung des kirchlichen Besitzes im Herzogtum Berg
1805	Maximilian Joseph verzichtet zugunsten des Königtums in Bayern auf das Herzogtum Berg; die Gemäldesammlung wird in sein Territori-

	um überführt; Gründung des französisch dominierten Großherzogtums Berg
1808	Napoleon übernimmt die Regentschaft im Großherzogtum.
1813	Zusammenbruch des Napoleonischen Reiches mit der Völkerschlacht bei Leipzig
1814/15	Wiener Kongress; Düsseldorf wird preußisch.
ab 1830	Anlage von Straßen wie der Schadow-, Jägerhof-, Hofgarten- und Haroldstraße sowie dem Schwanenmarkt
1831	Eröffnung des Theresienhospitals
1838	Inbetriebnahme der ersten westdeutschen Eisenbahnstrecke zwischen Düsseldorf und Erkrath
1839	Errichtung der ersten ständigen Schiffsbrücke zwischen Altstadt und dem linken Rheinufer
ab 1846	Erschließung des Stadtteils Friedrichstadt
ab 1876	Bau des Ständehauses am Kaiserteich
1878	Bau der Kunstakademie
1879/84	Anlage des Stoffeler Friedhofs und des Nordfriedhofs
1880	Eröffnung der Gewerbe-Ausstellung für das Rheinland, Westfalen und benachbarte Bezirke
1882	Düsseldorf wird Großstadt.
1883	Errichtung der Kunstgewerbeschule südlich der Schlossruine
1884/85	Erstellung eines Bebauungsplans zum Ausbau des Rheinufers, zum Bau von Ringstraßen, eines neuen Rheinhafens und eines Hauptbahnhofs
1891	Inbetriebnahme des ersten Hauptbahnhofs; Anlage des Volksgartens
1898	Inbetriebnahme der Oberkasseler Brücke

ab 1898	Verlegung des Rheinufers nach Westen; Anlage einer neuen Rheinuferstraße mit Promenade und tiefergelegten Werft
1902	Eröffnung der Großen Industrie-, Gewerbe- und Kunstausstellung
1919–21	Besetzung durch französische Truppen
1922–24	Errichtung des Wilhelm-Marx-Hauses und des Stummhauses
1925/26	Abzug der französischen Truppen
1926	Eröffnung der GeSoLei mit Ehrenhof, Rheinterrasse und heutiger Tonhalle
1930	Gründung des Gaus Düsseldorf
1933	erste Verbrennung »unerwünschter Literatur« mit Büchern von Heinrich Heine
1937	NS-Reichsausstellung »Schaffendes Volk«
1938	Synagogen werden niedergebrannt.
1940–45	Neun schwere und hunderte weitere Luftangriffe zerstören die Stadt etwa zur Hälfte.
1941–45	Vom Derendorfer Bahnhof werden zahlreiche Düsseldorfer Sinti und 6000 Juden aus dem gesamten Regierungsbezirk deportiert.
1945	US-amerikanische Truppen besetzen Düsseldorf.
1946	Düsseldorf wird Hauptstadt des neu gegründeten Landes Nordrhein-Westfalen.
ab 1954	Wiederaufbau der Stadt unter Leitung von Friedrich Tamms
1961/62	Errichtung einer Überführung über die Schadowstraße (sog. Tausendfüßler)
1965	Düsseldorf wird Universitätsstadt.
1967	Eröffnung der ersten S-Bahn-Linie
1981	Inbetriebnahme der ersten U-Bahn-Strecke
1987	Bundesgartenschau

ab 1991	Umwandlung des Hafens zum Medienhafen
1993–95	Umleitung der Rheinuferstraße in den Rheinufertunnel mit Anlage der Rheinuferpromenade
2002	Sprengung des Rheinstadions und Beginn des Neubaus der Merkur Spiel-Arena
2007–16	Bau der Wehrhahn-Linie
ab 2013	Neukonzeption der Stadtmitte mit Kö-Bogen I/II

Kulturkalender

Einmal jährlich:

Nacht der Museen; **manufaktour** – offene Werkstätten, Ateliers und Galerien; **Art Düsseldorf** auf dem Areal Böhler; **AR Biennale** – Biennale zu Augmented Reality im NRW-Forum; **DoKomi** – größte Anime- und Manga-Convention Deutschlands

Januar/Februar:

Karneval

März – Juni:

Japan-Tag Düsseldorf; **Jazz Rally Düsseldorf**

Juni – Oktober:

asphalt Festival – Festival für Theater, Tanz, Musik, Kunst und Performance; **Düsseldorfer Frankreichfest**; **Schützen- und Heimatfest mit Rheinkirmes** auf den Oberkasseler Rheinwiesen; **alltours Open Air Kino**; **Düsseldorf festival!** – 19-tägiges Kulturfestival

Oktober – Dezember:

New Fall Festival – Festival für Indie-, Electronic- und Pop-Musik; **Weihnachtsmärkte**

Rundgänge

Rundgang A: Rheinterrasse (S. 146), Kunstpalast (S. 145, 183), NRW-Forum (S. 144, 184), Tonhalle (S. 143), Hofgarten (S. 51), Schloss Jägerhof (S. 57), Malkasten (S. 55), Schauspielhaus (S. 63), Dreischeibenhaus (S. 61), Kö-Bogen I und II (S. 64 f.), ehem. Warenhaus Tietz (S. 69), Königsallee (S. 67), Girardet-Haus (S. 70), Wilhelm-Marx-Haus (S. 45), Commerzbank-Gebäude (Breite Str. 25; S. 98), Stahlhof (S. 100), Görres-Gymnasium (S. 71), GAP 15 (S. 102), K 21 im Ständehaus (S. 103, 184)

Rundgang B: Kunstakademie (S. 26), Ratinger Straße (S. 30), K 20 (S. 35, 183), Kunsthalle (S. 36, 182), St. Andreas (S. 38), Rathaus (S. 40), Burgplatz (S. 49), Rheinuferpromenade (S. 47), Mannesmann-Haus (S. 79), Mannesmann-Hochhaus (S. 80), KIT (zwischen den beiden Autotunnelröhren des Rheinufertunnels; S. 182), Apollo-Varieté-Theater (unter der Rheinkniebrücke; S. 82), Rheinkniebrücke (S. 170), Landtag (S. 83), Rheinturm (S. 84), Neuer Zollhof (S. 86), Kaistraße Studios (S. 87), Ueckerplatz (südlich der Kaistraße Studios; S. 89), The Living Bridge (westlich des Ueckerplatzes; S. 89)

Weitere Besichtigungs- und Ausflugstipps: Schloss Benrath (S. 123), Kaiserpfalz (S. 166), Nordpark mit Aquazoo Löbbecke Museum (S. 159 f., 181), Volksgarten und Südpark (S. 118) mit Franz-von-Sales-Kirche (S. 119)

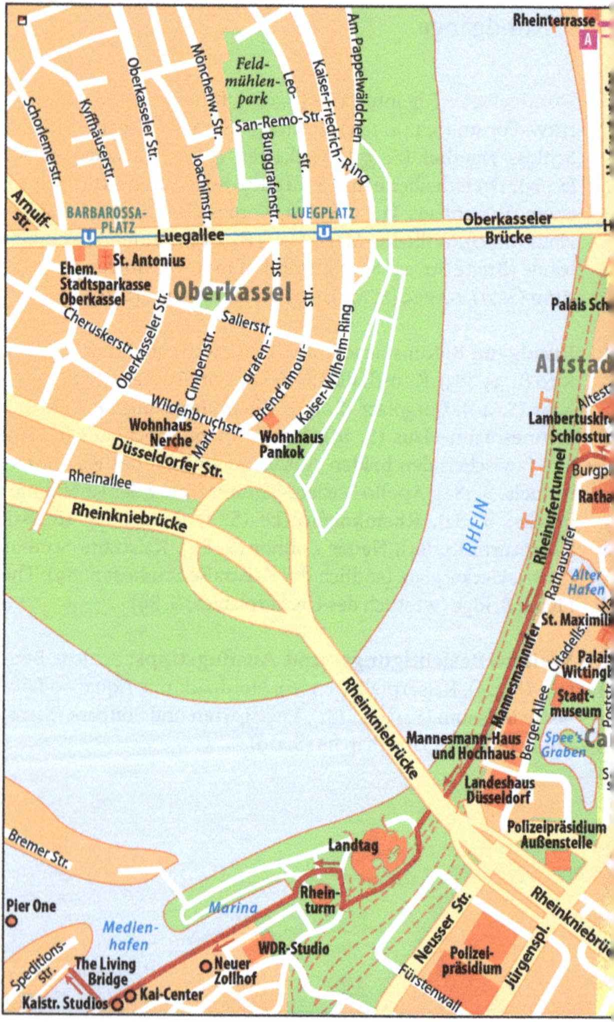

Rheinterrasse
A
Feld-
mühlen-
park
Schorlemerstr.
Kyffhäuserstr.
Oberkasseler Str.
Mönchenw. Str.
Leo-
str.
San-Remo-Str.
Burggrafenstr.
Kaiser-Friedrich-Ring
Am Pappelwäldchen
Joachimstr.
Arnulf-
str.
BARBAROSSA-
PLATZ
LUEGPLATZ
Luegallee
Oberkasseler
Brücke
St. Antonius
Ehem.
Stadtsparkasse
Oberkassel
Oberkassel
str.
str.
Salierstr.
Cheruskerstr.
Oberkasseler Str.
Cimbernstr.
grafen-
Brend'amour-
Kaiser-Wilhelm-Ring
Wildenbruchstr.
Wohnhaus
Nerche
Mark
Wohnhaus
Pankok
Düsseldorfer Str.
Rheinallee
Rheinkniebrücke
RHEIN
Lambertuskirche
Rheinufertunnel
Rathausufer
Alter
Hafen
Mannesmannufer
Citadellstr.
Stadt-
museum
Berger Allee
Spee's
Graben
Mannesmann-Haus
und Hochhaus
Landeshaus
Düsseldorf
Polizeipräsidium
Außenstelle
Rheinkniebrücke
Landtag
Bremer Str.
Rhein-
turm
Marina
Pier One
Medien-
hafen
Speditions-
str.
The Living
Bridge
WDR-Studio
Neuer
Zollhof
Kai-Center
Kaistr. Studios
Neusser Str.
Polizei-
präsidium
Jürgenspl.
Fürstenwall

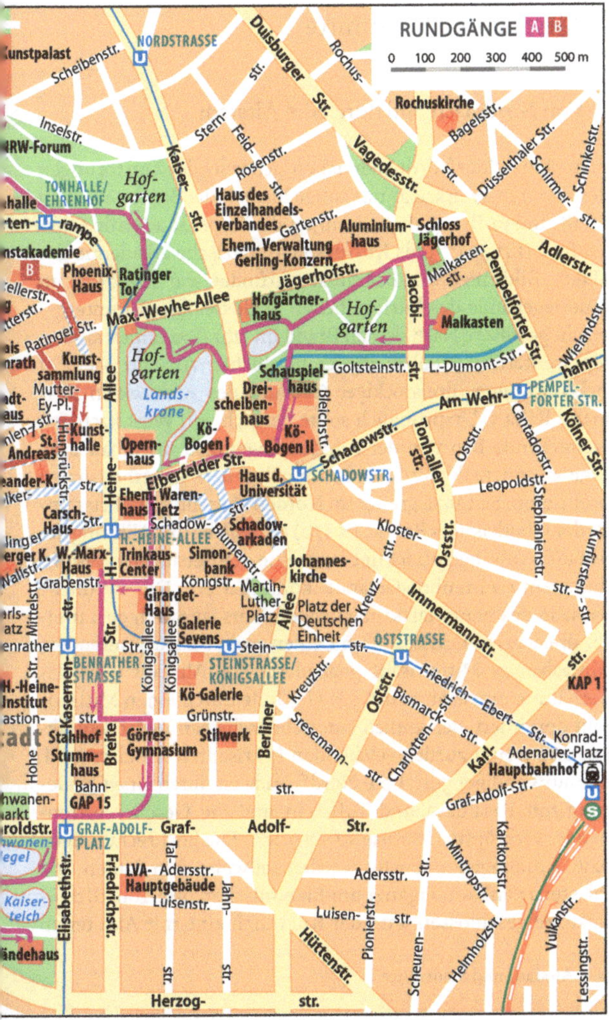
RUNDGÄNGE A B
0 100 200 300 400 500 m
NORDSTRASSE
Scheibenstr.
Duisburger Str.
Rochus-str.
Rochuskirche
Bagelsstr.
Inselstr.
NRW-Forum
Stern-str.
Kaiser-str.
Feld-str.
Rosenstr.
Vagedesstr.
Düsseltaler Str.
Schirmer-str.
Schinkelstr.
TONHALLE/EHRENHOF
Hofgarten
Haus des Einzelhandelsverbandes
Gartenstr.
Aluminium-haus
Schloss Jägerhof
Adlerstr.
Ehem. Verwaltung Gerling-Konzern
Malkasten-str.
Pempelforter Str.
rampe
Phoenix-Haus
Ratinger Tor
Jägerhofstr.
Jacobi-str.
Max.-Weyhe-Allee
Hofgärtner-haus
Malkasten
Wielandstr.
Ratinger Str.
Kunst-sammlung
Schauspiel-haus
Goltsteinstr.
L.-Dumont-Str.
Mutter-Ey-Pl.
Lands-krone
Drei-scheiben-haus
Bleichstr.
Am Wehr-hahn
PEMPELFORTER STR.
St. Andreas
Kunst-halle
Opern-haus
Kö-Bogen I
Kö-Bogen II
Schadowstr.
Tonhallen-str.
Oststr.
Cantadorstr.
Kölner Str.
Hunsrückstr.
Elberfelder Str.
Haus d. Universität
SCHADOWSTR.
Leopoldstr.
Ehem. Warenhaus Tietz
Carsch-Haus
Schadow-str.
Schadow-arkaden
Kloster-str.
Stephanienstr.
H.-HEINE-ALLEE
Heine-Allee
Blumenstr.
Kurfürsten-str.
W.-Marx-Haus
Trinkaus-Center
Simon-bank
Johannes-kirche
Immermannstr.
Grabenstr.
Königstr.
Martin-Luther-Platz
Kreuz-str.
Girardet-Haus
Platz der Deutschen Einheit
Mittelstr.
Galerie Sevens
Königsallee
Stein-str.
OSTSTRASSE
BENRATHER STRASSE
STEINSTRASSE/KÖNIGSALLEE
Friedrich-Ebert-Str.
KAP 1
H.-Heine-Institut
Kasernen-str.
Kö-Galerie
Kreuzstr.
Bismarck-str.
Grünstr.
Stahlhof
Görres-Gymnasium
Stilwerk
Berliner Allee
Sresemann-str.
Charlotten-str.
Konrad-Adenauer-Platz
Stumm-haus
Breite Str.
Karl-str.
Hauptbahnhof
Bahn-str.
GAP 15
Graf-Adolf-Str.
Hohe Str.
GRAF-ADOLF-PLATZ
Graf-Adolf-Str.
Tal-str.
Mintropstr.
Kartkortstr.
Elisabethstr.
Friedrichstr.
LVA-Hauptgebäude
Adersstr.
Jahn-str.
Luisenstr.
Luisen-str.
Pionierstr.
Kaiser-teich
Hüttenstr.
Scheuren-str.
Helmholtzstr.
Vulkanstr.
Lessingstr.
Herzog-str.

Altstadt und Stadtmitte

Von Nord nach Süd durch die Altstadt

In der Düsseldorfer Altstadt haben sich trotz der Zerstörungen des Zweiten Weltkriegs unzählige historische Bauten aus dem ◆ 17., 18. und 19. Jh. erhalten, darunter die **Kunstakademie Düsseldorf** (1 D5): 1773 als Kurfürstlich Pfälzische Akademie der Maler-, Bildhauer- und Baukunst gegründet, war sie 1821–72 im Galeriegebäude des kurfürstlichen Schlosses (S. 48) untergebracht gewesen. Nach dessen Brand im Jahr 1872 erhielt sie den repräsentativen Neubau in der nördlichen Altstadt – ein 21 Achsen breites, dreistöckiges Gebäude des Architekten Hermann Riffart. Ursprünglich sollte der sich von West nach Ost erstreckende Bau von der ruhigen, eigentlich unverbaubaren Lage am ehemals nördlich davon gelegenen Sicherheitshafen profitieren. Seit 1976 grenzt im Norden aber die Auffahrtsrampe der Oberkasseler Brücke (S. 170) an, welche die Wirkung der Schaufassade beeinträchtigt und eine städtebauliche Verbindung zum Ehrenhof-Gelände konterkariert. Die nördliche Fassade des neorenaissancistischen Baus ist durch gestaffelte, dreiachsige Eckrisalite und einen weiter zurücktretenden, fünfachsigen Mittelrisalit gegliedert. Zur Altstadt wird das Verhältnis umgekehrt und das Gebäude durch einen Mittelrisalit dominiert, der seitlich von siebenachsigen Zwischentrakten und weiter zurückweichenden Eckrisaliten flankiert wird. Die aufwendiger gestaltete Nordfassade ist durch eine Quaderung mit Basaltlava und Tuffstein und die Geschosse trennende, verkröpfte Gesimse strukturiert. Die hochrechteckigen bzw. rundbogigen Fenster werden teilweise von Säulen und Pilastern flankiert, ergänzt um Blendnischen und Tonstiftmosaike. Abgeschlossen wird der Bau durch eine mit Akroterien

Blick vom Neuen Hofgarten auf den Sicherheitshafen und das neue Gebäude der Kunstakademie Düsseldorf, Illustration von Wilhelm Gause in der Zeitschrift *Die Gartenlaube*, 1879

geschmückte Balustrade und ein flaches Walmdach. Der Eingang des Baus liegt an der östlichen Stirnseite. Die Erschließung erfolgt über die im Süden gelegenen Treppenhäuser und Korridore. Zwischen die nach Norden ausgerichteten Ateliers schiebt sich im 2. OG eine zentrale Aula. Deren durch den Akademieprofessor Peter Janssen d. Ä. geschaffene Ausstattung mit großzügigen Deckengemälden und einem figurenreichen Wandfries wurde im Zweiten Weltkrieg weitestgehend zerstört, die Inneneinrichtung der Akademie wurde nach dem Krieg in schlichterer Form wiederhergestellt.

Zu den später entstandenen Nebengebäuden gehört westlich (Reuterkaserne 1, I C5) das in den 1950er Jahren nach den Plänen von Rudolf Schwarz erbaute **Ateliergebäude**: Der eingeschossige, steinsichtig gelassene Ziegelbau hat zwei hintereinandergestellte, asymmetrische Sheddächer, die sich Richtung Norden zu großen Glasflächen öffnen. Die hinteren, höheren Räume wurden vermutlich für Werkstätten mit größeren Maschinen konzipiert, die vorderen, über einen inneren Zwischentrakt mit diesen verbundenen Räume wahrscheinlich als Ateliers. An der Rheinseite des Gebäudes befindet sich ein von Benjamin Houlihan aus Glasfaser, Kunststoff, Eisen und Hochseeschaum geschaffenes, hügelartiges Objekt – 2002 schwamm es als Teil einer Kunstaktion auf dem Rhein.

Südlich neben dem Atelierbau liegt das Gebäude der heutigen **Akademie-Bibliothek**. 1864 als Lagerhaus einer Dampfschifffahrtsgesellschaft erbaut, diente es anschließend unterschiedlichen Zwecken, u. a. dem Aquazoo Löbbecke Museum (S. 160, 181), bis in den 1980ern der Umbau für die Kunstakademie erfolgte. Das lange Gebäude erstreckt sich parallel zum Rhein. Die Fassade wird durch zwei leicht vorkragende Eck- und einen Mittelrisalit strukturiert. In der Sockelzone finden sich genutete Putzblendflächen, während die über dem Geschossgesims liegenden Wandflächen durch Lisenen gegliedert sind. Zwischen diesen sind rasterartig die Fenster angeordnet, teilweise mit schlichten Profilrahmen versehen und in ihrer Höhe gestaffelt – neben hochrechteckigen Fenstern auch Rundbogenfenster in den Risaliten sowie kleinere, hochrechteckige Zweiergruppen in den obersten Geschossen. Die mehrfach veränderten Innenräume dienen im EG als Ateliers und beinhalten in den Obergeschossen Bibliothek und Archiv der Akademie.

Das **Phoenix-Haus** (1 D5) östlich des Kunstakademie-Hauptgebäudes wurde in den 1920ern nach den Plänen von Karl Beck unter der Leitung von Karl Wach erbaut, als Verwaltungsbau der Phoenix AG für Bergbau und Hüttenbetrieb. Umgebaut und erweitert dient das Gebäude heute als Sitz der Staatsanwaltschaft. Die rückseitige, zur Akademie gerichtete Fassade der Dreiflügelanlage hat eine massive Basaltlavasockelzone und ist darüber verputzt bzw. mit Backstein versehen. Dieser Wandbereich wird durch hochrechteckige Fenster, Gesimse und expressionistisch gestaltete Erker rhythmisiert. Zum Hofgarten öffnet sich die Fassade, wird aber durch eine Mauer begrenzt. Ihre Wirkung entfaltet sich über die zwei seitlich rahmenden Querflügel und einen fünfachsigen, giebelbekrönten Mittelrisalit am Hauptgebäude. Auffällig ist die rautenförmig angeordnete Terrakottaplattenverkleidung im EG. Die Baukörper schließen einen von ehemals offenen Arkaden umsäumten Ehrenhof mit zugehöriger Freitreppenanlage ein. Trotz Kriegsschäden konnte die innere Gebäudestruktur weitestgehend erhalten werden. Neben dem ursprünglichen Haupttreppenhaus finden sich hier auch noch einzelne originale Stuckelemente, Türen und Leuchten.

Das **Palais Schaesberg** (1 D5), heute dem Komplex des St. Ursula-Gymnasiums zugehörig, wurde Anfang des 18. Jh.s von Matteo Alberti entworfen, im Auftrag von Reichsgraf Johann Friedrich von Schaesberg. Nördlich schloss sich einst ein Garten samt Orangerie, Fasanerie und Stallungen an. Hauptgliederungselemente der Fassade sind die beiden unterschiedlichen Geschossgesimse und die profilierten Rechteckfenster mit oberhalb und unterhalb abschließenden, im EG durchlaufenden, konsolgetragenen Gesimsen. Die Gebäudeecken werden durch eine Vormauerung aus Werksteinquadern hervorgehoben.

Ein weiteres Beispiel für die Düsseldorfer Palais-Architektur der Jan-Wellem-Zeit bildet ein zweigeschossiger Bau an der Ritterstraße 10 mit Rundbogenportal und seinen mit Werkstein eingefassten Fenstern.

Das **Palais Spinrath** (1 D5) wurde um 1700 von Matteo Alberti ursprünglich als Kirche für das kurz zuvor errichtete

Cölestinerinnen-Kloster konzipiert. Nach Zerstörung durch ein Artillerie-Bombardement und anschließender Säkularisierung ging der Bau 1804 in Privatbesitz über. Daraufhin erfolgte durch Adolph von Vagedes die Umgestaltung zum dreigeschossigen Palais. Zuletzt im Besitz der Maltuchfabrikantenfamilie Spinrath konnten nach Zerstörungen im Zweiten Weltkrieg nur die Fassade und die Seitenfront wiederhergestellt werden. In den Baukomplex des neuentwickelten Andreasquartiers integriert, weist die Fassade eine fünfachsige Gliederung auf. Formal wird diese durch ionische Kolossalpilaster geschaffen, die im Mezzaningeschoss in kurze Lisenen übergehen und in einem verkröpften Gesims enden. Das mittige Portal weist eine von Profilen und einem bekrönenden Gesims gebildete Einfassung auf, die an den ebenfalls hochrechteckigen Fenstern um konsolgestützte Sohlbankgesimse ergänzt wird. Damit verbindet die Architektur barocke und klassizistische Elemente.

Nur wenige Meter entfernt, auf der anderen Seite der Ratinger Straße, liegt die **Kreuzherrenkirche**, 1443–45 erbaut. Zuvor hatte hier eine Marienwallfahrtskapelle mit Hospital gestanden, deren Betreuung der Kreuzherrenorden Anfang des 15. Jh.s übernahm. Infolge der Übertragung der Bauten an den Orden durch Herzog Gerhard I. kam es zu einem Neubau mit An- bzw. späterer Eingliederung des bestehenden Marienheiligtums. Das Hospital mit Gasthaus zog in ein neues Gebäude an der Flinger Straße und bildete nach Neugründung an der Kasernenstraße den Ursprung des später an der Neusserstraße gelegenen Hubertusstifts. Nach Profanisierung und Umbau der Kreuzherrenkirche im 19. Jh. und einer in den 1960ern vollzogenen, sich dem Originalzustand annähernden Restauration kam es 1990 zur erneuten Weihe. Seitdem fungiert die Kirche als Schulkirche und Aula des St. Ursula-Gymnasiums. Der Außenbau wird durch das Backsteinmauerwerk, große

Maßwerkfenster und abgetreppte Strebepfeiler geprägt. Der Turm zwischen den Chorschlüssen wurde im 17. Jh. aufgestockt. Seiner doppelten Funktion als Pfarr- und Wallfahrtskirche entsprechend, ist der Bau als zweischiffige Hallenkirche konzipiert. Die fünfjochigen durch Achteckpfeiler getrennten Schiffe münden im Chorbereich in zwei 5/8-Schlüsse. Den unmittelbar in die Scheidbögen übergehenden, steinsichtig gelassenen Pfeilern sind dreiviertelrunde, mit Blattkapitellen versehene Dienste vorgesetzt, die das Kreuzrippengewölbe stützen. Aufgrund der Restauration weist das Innere heute noch Merkmale der spätgotischen Ausmalung auf.

Die in westlicher Verlängerung der Ratinger Straße gelegene **Altestadt** (I C5) gehört zu den wenigen Straßen, die in Teilen bereits zum Zeitpunkt der Stadterhebung 1288 vorhanden war. An ihr liegt das ehem. **Theresienhospital**. Zuvor hatte sich hier eine Klosteranlage der Unbeschuhten Karmelitinnen befunden. Im Zuge einer Vergrößerung des Klosters war zwischen 1712 und 1716 auf einem von Jan Wellem gestifteten Grundstück die zugehörige Josephskapelle nach den Plänen Matteo Albertis entstanden. Im 19. Jh. wurde das Kloster von den Cellitinnen und danach den Schwestern vom Heiligen Kreuz übernommen und zu einem Hospital umfunktioniert. Anfang des 20. Jh.s wurde es durch den neobarocken Neubau des Architekten Caspar Clemens Pickel ersetzt. Nach Zerstörung der Kapelle im Zweiten Weltkrieg erfolgte in den 1950ern ihr Wiederaufbau, später eine Restaurierung. Die Grundstruktur der Backsteinkapelle beruht auf dem Grundriss eines griechischen Kreuzes. Die Eingangsfassade ist durch monumentale Pilaster mit ionischen Kapitellen und verkröpftem Gesims gegliedert. Im oberen Bereich werden die Pilaster durch kurze, ebenfalls in einem verkröpften Gesims endende Lisenen fortgeführt und von einem abschließenden flachen Dreieckgiebel überfangen. Zwischen den Pilastern liegen neben dem mittigen Portal drei Nischen mit Skulpturen. Das reich profilierte, u.a. mit Voluten und Blattwerk versehene Portal geht oberhalb in ein Rechteckfenster mit abschließendem Segmentbogen über. Der Innenraum wird durch die das Zentrum überfangende Stutzkuppel und daran anschließende tonnengewölbten Kreuzarme geprägt. Als Ersatz der zerstörten, originalen illusionistischen Gewölbemalereien dienen seit den 1990ern Fresken im Neorokoko-Stil von Wolfram Köberl. Vor der Josephskapelle findet sich auf einer Litfaßsäule eine aus Mutter und Tochter bestehende realistische Skulptur. Sie gehört zu dem ab dem Jahr 2000 entstandenen Werkzyklus der an verschiedenen Düsseldorfer Orten zu findenden Säulenheiligen von Christoph Pöggeler.

Die **Lambertuskirche** (1 C5) gegenüber dem Theresienhospital ist das Wahrzeichen der Altstadt. In ihrem Vorgängerbau war es infolge der siegreichen Schlacht von Worringen und der Stadterhebung im Jahr 1288 zur Errichtung eines Kollegiatstifts gekommen. Daraufhin erfolgten mit Unterstützung der Grafen von Berg mehrere Um- und Erweiterungsmaßnahmen mit Integration von Bausubstanz der romanischen Hofkapelle. Nach der Einweihung im Jahr 1394 diente die Stiftskirche bis ins 17. Jh. als herzogliche Grablege. Mehrfach beschädigt und umgestaltet, erhielt sie u.a. im 19. Jh. einen neuen, von Adolph von Vagedes konzipierten Turmhelm. Der Außenbau der gotischen Kirche ist von der Materialität des Backsteins geprägt. Die Gliederung der Wandflächen erfolgt über Strebepfeiler, spitzbogige Maßwerkfenster und Geschossgesimse. Der fünfstöckige Turm ist der Westfassade mittig vorgelagert. Seine Strukturierung ergibt sich über rundbogige Blendfenster in den unteren Geschossen und abschließende, spitzbogige Biforien sowie eine Quaderverblendung an den Ecken. Die vermutlich auf die Verwendung von zu feuchtem Bauholz zurückzuführende Drehung des um Eckfialen ergänzten Turmhelms setzte man bei der Wiederherstellung nach der Zerstörung des Daches im Zweiten Weltkrieg erneut um. Die Gestaltung des bronzenen Eingangsportals mit Darstellung der Rückkehr des verlorenen Sohnes erfolgte Mitte des 20. Jh.s durch Ewald Mataré. Der Innenraum der dreischiffigen Hallenkirche wird durch die sich nach Osten verkürzenden und in einem 5/8-Schluss mündenden Joche mit Umgangschor geprägt. Zwischen den gleich breiten Schiffen liegen achteckige Pfeiler. Diese leiten unmittelbar in Gurt- und Scheidbögen über und führen über vorgelagerte Dienste in das Kreuzrippengewölbe. Im südlichen Seitenschiff und in den Chorumgangsgewölben geben einzelne Freskenreste Zeugnis von der ehemals farbigen Fassung des heute weiß getünchten Innenraums. Das Sakramentshaus mit dreigeschossigem Baldachin gilt als eines der bedeutendsten spätgotischen Werke dieser Art am Niederrhein. In der Mitte des Chorumgangs befindet sich das in der Renaissance geschaffene Grabmal Herzog Wilhelms V. von Jülich-Kleve-Berg.

(Zum nahen Schlossturm, 1 C5, s. S. 48.)

Auf dem Weg zum Stadthaus passiert man in der Lambertusstraße 1 die ehem. **Lambertusschule**, 1844 anknüpfend an die rheinische Tradition der Spätromanik nach den Plänen des Stadtbaumeisters Bergius errichtet. Der Bau wurde während des NS-Regimes für die Hitlerjugend in Beschlag genommen, später als städtische Verwaltungsstelle genutzt und fungiert heute, nach erneutem Umbau, als Wohngebäude. Die Strukturierung der langgestreckten Klinkerfassade erfolgt über nur leicht vorkragende Risalite mit bekrönenden Dreiecksgiebeln. Durchbrochen werden die Wandflächen durch Rundbogenfenster mit an den Risaliten ergänzten Überfangbögen. Hinzu kommen Lisenen, ein durchlaufendes, verkröpftes Geschossgesims und ein abschließender Rundbogen- und Würfelfries. Die beiden zurückversetzten Eingänge werden durch Rahmungen aus gewirtelten Säulchen mit Würfelkapitellen und abschließenden Dreiecksgiebeln betont.

Das **Stadthaus** (I D5) entstand in unterschiedlichen Bauphasen und hat eine vielfältige Nutzungsgeschichte. Sie beginnt Ende des 17. Jh.s, als der Jesuitenorden hier ein Kloster- und Schulgebäude errichtete. Der dreigeschossige Trakt an der Mühlenstraße entstand vermutlich Anfang des 18. Jh.s unter Kurfürst Jan Wellem. Nach Aufhebung des Ordens Ende des 18. Jh.s ging das Gebäude in staatlichen Besitz über, und im 19. Jh. kam es zu verschiedenen Um- und Anbauten. 1823 gestaltete Karl Friedrich Schinkel die Fassade klassizistisch neu. Während der NS-Zeit wurde der Bau für Massenverhaftungen sowie durch die Gestapo und andere städtische Institutionen des Regimes genutzt. Nach 1945 und erneutem Bezug durch kommunale Ämter, wurde Ende der 1980er Jahre in Teilen des EG eine Mahn- und Gedenkstätte eröffnet (S. 184); die meisten übrigen Räumlichkeiten werden heute durch ein Hotel genutzt. Die Fassade Schinkels ist durch Quaderputz, schlicht gehaltene Fensterrahmungen und Geschossgesimse gegliedert. Die ebenfalls zurückhaltend gestaltete Rahmung des Eingangsportals zeigt Merkmale der italienischen Renaissance.

Ehem. **Land- und Amtsgericht** (Mühlenstr. 34, I D5): Der neobarocke Justizpalast, zwischen 1913 und 1923 nach Entwürfen von Felix Dechant erbaut, ist heute Teil des neuentwickelten Andreasquartiers. Über einem Sockelgeschoss erheben sich vier Geschosse und ein abschließendes Walmdach mit ovalem Dachreiter. Die zur Mühlenstraße ausgerichtete Hauptfassade erfährt ihre Gliederung durch zwei äußere, fünfachsige Risalite mit Pilastern und einen mittig vorgesetzten Portikus. Die verklinkerten Wandflächen werden von axial zusammengefassten, kalksteingerahmten Fensterreihen durchbrochen. Die Säulen des Portikus enden unterhalb des obersten Geschosses in ionischen Kapitellen. Über diesen erhebt sich ein den gesamten Bau umlaufendes, vorgesetztes Gebälk mit Zinnenfries. Der Portikus wird zusätzlich mit sechs sitzenden, überlebensgroßen Personifikationen des Bildhauers Hubert Netzer bekrönt. Trotz vielfältiger Umbaumaßnahmen blieb die monumentale Eingangshalle weitestgehend erhalten.

Auf dem **Mutter-Ey-Platz** (1 D5) findet sich eine Skulptur der einstigen Mäzenin Düsseldorfer Künstler wie Max Ernst, Otto Dix, Otto Pankok und Bert Gerresheim, der diese Variante der »Mutter Ey« 2017 schuf.

Im nördlichen Bereich des Andreasquartiers liegt der **Co-Working-Bürobau Spaces**. Seine Glasfront transformiert sich bei Sonnenlicht durch farbig bedruckte Aluminiumpaneele zur *Wall of Freedom*. Das 2018 enthüllte Gemeinschaftskunstwerk wurde von HA Schult initiiert und gemeinsam mit Düsseldorfer Bürgern erarbeitet. Ebenfalls im Andreasquartier zu finden sind Objekte aus HA Schults Arbeiten *Action Blue* und *Trash People*.

Kunstsammlung NRW / K20 (1 D5): Der Bau wurde 1975–86 am Standort der ehem. Landesbibliothek nach einem Entwurf des Kopenhagener Architekten-Teams Dissing + Weitling errichtet. Die monumental wirkende Fassade wird durch die Materialästhetik des polierten, dunklen Granits geprägt. Die schlichte, teilweise geschwungene Form des Baukörpers und die Reflexion des Materials betonen die städtebauliche Vermittlerfunktion. Sicht- und Bezugspunkte bilden das ehem. Land- und Amtsgericht, die Andreaskirche und der Bau der alten Reichsbank an der Heinrich-Heine-Allee. Asymmetrisch in die Fassade eingefügt kontrastieren die mehrfach strukturierten, weißgerahmten Fensterflächen mit der dunklen Farbigkeit des Granits. Der dem Bau vorgelagerte Grabbeplatz – im 19. Jh. als Bindeglied zwischen Hofgarten und Altstadt konzipiert – wurde in die Gestaltung aufgenommen und mit hellem Pflaster sowie geschwungenen Treppenelementen versehen; er greift die Architektur des Museumsbaus und das natürliche Gefälle zur Heinrich-Heine-Allee auf. Der Zugang zur Kunstsammlung erfolgt über eine unter dem Bau verlaufende Nord-Süd-Passage, die an einen mittelalterlichen Weg erinnern soll, der von der Ratinger Straße zum Grabbeplatz führte. Ab 2008 entstand ein Erweiterungsbau, der die Formensprache des Bestandsbaus fortführt. Im Innern der Kunstsammlung erstreckt sich über zwei Stockwerke auf mehr als 5000 m^2 eine fließende Folge von verschieden großen und bis zu 14 m hohen Räumen (zur Sammlung s. S. 183).

Hinter dem Eingang zum K 20 liegt der **Paul-Klee-Platz** mit dem monumentalen Wandbild *Hornet* von Sarah Morris aus dem Jahr 2010: Es besteht aus rasterförmigen, streng geometrisch angeordneten bunten und meist spitz zulaufenden Keramikfliesen.

Kunsthalle (I D5): In der Nähe befand sich ein Vorgängerbau vom Ende des 19. Jh.s, damals mit Geldern Kaiser Wilhelms I. als Entschädigung für die Überführung der kurfürstlichen Gemäldegalerie nach München erbaut. Dieser wurde im Zweiten Weltkrieg zerstört. Die Karyatiden, die heute vor der Westfassade des Neubaus stehen, 1881 von Wilhelm Albermann geschaffen, hatten diesem Vorgängerbau als Stützen gedient. Der Neubau aus den 1960er Jahren geht auf eine Zusammenarbeit des städtischen Hochbauamtes mit den Architekten Konrad Beckmann und Christoph Brockes zurück. Die Grundstruktur bildet ein monolithischer, blockartiger Baukörper. Über einem zurückversetzten Sockel aus Glasflächen und schwarzem Basalt erheben sich weitestgehend geschlossene, mit Betonplatten verkleidete Wandflächen. Den Abschluss bildet ein brutalistisch interpretierter Fries. Eine asymmetrisch eingefügte Fensterzone mit vorgesetztem Eingangskubus tritt hinter die Gebäudeflucht zurück. Ihre Glasflächen erstrecken sich hinter einer mit Betonplatten verkleideten und mit einem

Bronzerelief von Karl Hartung versehenen Balkonbrüstung bis zu einer über den angrenzenden Fries hinausragenden, ebenfalls in Beton gestalteten Wandfläche. An der Ost- und Westfassade durchbrechen tief eingeschnittene, rechtwinklige Fensterzonen die Betonwände. An der Südfassade finden sich mehrere Reihen kleiner Fenster und ein schräg in den Beton eingeschnittenes, schmales Fenster. Hinter den abschließenden Fries reihen sich gläserne Sheddächer, die den Innenraum erhellen. Dieser verfügt aufgrund der Geschlossenheit des Außenbaus über großzügige Ausstellungsflächen (zur Sammlung s. S. 182). Auf der Terrassen- und Freitreppenanlage vor der Kunsthalle thront der 1934 von Max Ernst entworfene *Habakuk*, ein abstraktes Vogelwesen. An dieser zur Andreaskirche ausgerichteten Fassade der Kunsthalle ragt ein Kaminrohr aus der Betonwand, das der Kunstakademieschüler und -professor Joseph Beuys 1981 für die Ausstellung *Schwarz* angebracht hat, unter dem Titel *Loch*. Im Innenraum offenbart es sich dem Besucher als runde, schwarze Öffnung.

Das **Galeriehaus** des Architektenpaars Hartmut und Marjanca Gruhl (südlich der Kunsthalle, Mutter-Ey-Str. 5) erzielt seine Wirkung durch seinen Standort an der Ecke des Blockrandes. Die Grundfläche nach oben erweiternd, springen kubische Baukörper über einem zurückliegenden EG in zwei bzw. drei Sprüngen erkerartig nach vorn. Die geschossübergreifenden Sprossen der weißen Fensterrahmungen verbinden die großflächigen Glaszonen des ansonsten weiß verputzten Baus. Die Dachflächen werden durch Söller und durchfensterte Pultdächer strukturiert.

Das **Schmela Haus** nebenan (Mutter-Ey-Straße 3) wurde von dem niederländischen Architekten Aldo van Eyck 1971 für den Kunsthändler Alfred Schmela als Galerie- und Wohnhaus konzipiert. Die dreigeschossige Fassade wird durch mehrere, asymmetrisch aneinandergefügte, teilweise zurückversetzte und von Öffnungen durchbrochene Wandflächen geprägt. Die Fassadenoberfläche setzt das strukturalistische Prinzip mit Betonziegeln und sichtbar gelassenen Betonstürzen fort. Ein von der Straße aus zugänglicher, über mehrere Geschosse reichender Glaszylinder dient als vertikales und horizontales Verbindungselement. Die verschachtelten Innenräume mit sichtbaren Bimsbetonsteinen und Betondecken werden in den Obergeschossen in den Außenraum erweitert. Als einer der bedeutendsten Nachkriegsgaleristen zeigte Schmela in den unteren Geschossen u.a. Werke von Jean Tinguely, Joseph Beuys, den ZERO-Künstlern und Robert Morris. Seit 2009 dient das Gebäude als dritter Standort der Kunstsammlung NRW (S. 183 f.).

♦ **St. Andreas** (I D5) gilt als bedeutendster Bau des Frühbarocks am Niederrhein. Als Hof- und Jesuitenkirche versinnbildlicht er den Übergang der Landesherrschaft an den zum Katholizismus konvertierten Erbprinzen Wolfgang Wilhelm aus dem Haus Pfalz-Neuburg. Nach seinem Regierungsantritt im Jahr 1614 hatte der Pfalzgraf die Jesuiten ins Herzogtum Jülich-Berg gerufen und den Neubau der Kirche initiiert. In den Jahren nach deren Weihung 1629 wurde der Innenausbau mit Stuckarbeiten zu Ende geführt. Im weiteren Verlauf kam es zur Errichtung eines Mausoleums, einer Umgestaltung des Chores und dem Bau des westlich anschließenden Jesuitenkollegs, des heutigen Stadthauses (S. 34). Die durch toskanische Pilaster dreiachsig gegliederte, mit Schweifgiebel bekrönte Eingangsfassade liegt an der Andreasstraße. Die zum Grabbeplatz weisende Nordseite ist eine geschwungen gestaffelte Chorfassade aus Türmen, Apsis und Mausoleum. Zwischen den beiden Chortürmen mit Hauben leitet die Chorapsis mit geschweiftem Dach südlich über einen Giebel zum höher liegenden Langhaus und nördlich zum geschweiften Kuppeldach der niedrigeren, polygonalen Museumsrotunde über. Seitlich setz-

Ansicht von Düsseldorf mit St. Andreas in der Mitte, Gemälde von Jan van der Heyden und Adriaen van de Velde, 1667

ten niedrigere Vorbauten an. Die architektonische Gestaltung mit toskanischen Pilastern verweist auf Muster italienischer Fassadengliederung und variiert dabei manieristisch-barocke Fassadenschemata Roms. Das Innere ist wie ihr Vorbild, die Hofkiche Unserer Lieben Frau in Neuburg an der Donau, als Staffelhalle mit Emporen gestaltet. Nördlich geht es in einen zweijochigen Chor mit polygonaler Apsis und anschließender Rotunde mit sechs Pfeilerarkaden über. Die den Innenraum dominierenden früh- und spätbarocken Stuckarbeiten stammen größtenteils von dem Kalkschneider Johannes Kuhn. Die Pilaster des fünfjochigen Langhauses zeigen zum Mittelschiff und zu den Emporen korinthische und in den Seitenschiffen toskanische Kapitelle. Die nach dem Zweiten Weltkrieg erfolgte Ausgestaltung des Altarraums geht auf Ewald Mataré zurück.

Die **Neanderkirche** (1 D5) geht auf einen Entwurf des Architekten Michael Cagnon aus dem späten 17. Jh. zurück. Zuvor hatte die reformierte Gemeinde hier 1610 ein einfaches Predigthaus errichtet. Dieses wurde im Laufe des 17. Jh.s baufällig, da nach dem Beginn der Gegenreformation die Duldungsfrist für die reformierte und evang. Kirche in Düsseldorf 1614 abgelaufen war. In der zweiten Hälfte des 17. Jh.s wurde die Errichtung von evang. Kirchengebäuden in der Altstadt wieder zugelassen und es kam zum Neubau. Aufgrund der Vormachtstellung der Gegenreformation durfte die Kirche allerdings nur als sog. Hinterhofkirche, d. h. zurückversetzt zwischen die Blockrandbebauung, umgesetzt werden. Nach Fertigstellung der Innenausstattung und Errichtung des Turmes in den 1780ern erfolgte im 19. Jh. eine Umgestaltung mit Einbau neuer Emporen. Im 20. Jh. wurde die Kirche nach dem im 17. Jh. wirkenden Kirchenliederdichter und Rektor der reformierten lateinischen Schule in Düsseldorf Joachim Neander benannt. Der Außenbau weist eine schlichte frühbarocke Gestalt auf. Die Südfassade mit geschweiftem Giebel wird durch den vorgelagerten, rechtwinkligen Turm mit polygonalem Turmhelm und Laterne dominiert. Das Innere zeigt sich als schlichter saalartiger Raum mit Tonnengewölbe. Die Belichtung erfolgt über große Rundbogenfenster. Die an der Längsseite positionierte Kanzel und der Altar werden an drei Seiten von zwei- bis dreigeschossigen Emporen gerahmt. Damit ergibt sich die typische Raumaufteilung des protestantischen Kirchenbaus nach dem Vorbild der Stuttgarter Schlosskapelle.

♦ **Rathaus** (1 C6): Der Komplex ist über mehrere Jahrhunderte entstanden. So wurde der den Marktplatz nordöstlich säumende, älteste Teil – das sog. **Alte Rathaus** – in den 1570ern errichtet. Seine dreigeschossige Ziegelfassade wird durch einen oktogonalen Turmrisalit mit Welscher Haube und Laterne sowie zwei geschweifte Zwerchgiebel dominiert. Mitte des 18. Jh.s erfolgte unter Kurfürst Karl Theodor durch den Architekten Johann Joseph Couven eine Ergänzung der Fassade um Geschossgesimse, gewirtelte Turmpilaster und ein balkongeschmücktes Portal im spätbarocken Stil. Westlich schließt die **Alte landesherrliche Kanzlei** aus der zweiten Hälfte des 16. Jh.s an. Nach einem rechtwinkligen Knick folgen das **Neue Rathaus** von 1884 und das Anfang des 18. Jh.s erbaute ehem. Grupello-Haus. Das Neue Rathaus wurde nach Plänen des damaligen Stadtbaumeisters Eberhard Westhofen im historistischen Stil der Neurenaissance errichtet. Nach der Zerstörung im Krieg wollte man den Bau mit seinem den Platz dominierenden Turm am südlichen Abschluss nicht wieder im ursprünglichen Sinn rekonstruieren. In den 1960ern und 1970ern erfolgte eine Umgestaltung mit Einbeziehung des **Grupello-Hauses**. Der Hofbildhauer Gabriel Grupello hatte das nach Entwürfen von Matteo Alberti errichtete Gebäude 1708 durch Schenkung seines Herzogs Johann Wilhelm II. erhalten. 1748 wurde der Bau von Kurfürst Karl Theodor erworben und an den späteren ersten Akademiedirektor Lambert Krahe vermietet. In der zweiten Jahrhunderthälfte wurde der Bau um drei Achsen nach Norden erweitert. Nach Zerstörung im Zweiten Weltkrieg kam es zu Veränderungen an der Dach- und Fassadengestaltung. Der zweieinhalbgeschossige Bau zeigt zum Marktplatz eine siebenachsige Gliederung und offenbart durch den Rhythmuswechsel bei der Fensterreihung die Zäsur zwischen dem ursprünglichen und dem erweiterten Bereich. Das mit Segmentgiebel und verkröpftem Gebälk überfangene Portal stammt aus der Grupello-Zeit. Seit 2012 finden sich über diesen zwei Repliken der ursprünglich hier angebrachten weiblichen Originalbüsten von Grupello. Nördlich an das Alte Rathaus schließen ein Flügel der ehem. **Gemäldegalerie** Jan

Wellems von 1714 und der zum Rhein ausgerichtete, winkelförmige Bau der Kunstgewerbeschule von 1883 an. Der mehrfach umbaute, ehem. Ostflügel der Gemäldegalerie verbindet Markt- und Burgplatz. Die Gestaltung seiner Fassade geht auf eine Umgestaltung in den 1920ern zurück. Der Neubau der **Kunstgewerbeschule** erfolgte auf dem Grundstück der alten Gemäldegalerie, nachdem die Kunstakademie ihren Neubau am ehem. Sicherheitshafen erhalten hatte. Die Gestaltung des dreigeschossigen Baus beruht auf einem Entwurf von Eberhard Westhofen. Mit Werkstein und Ziegeln verkleidet folgt die Fassade Mustern der Neorenaissance. Das EG wird durch genutetes Quadermauerwerk, die Risalite durch Säulenvorlagen und der obere Abschluss über ein verkröpftes Gebälk mit Konsolfries betont. Seit 2005 beherbergt der Bau u. a. die Galerie der Kunstakademie (S. 181) mit Professoren- und Studierendenarbeiten. 1984 wurde südlich ein Erweiterungsbau für das Rathaus angeschlossen.

Mittig auf dem Marktplatz vor dem Rathaus befindet sich das **Reiterstandbild Jan Wellems**, also des Kurfürsten Johann Wilhelm II. von der Pfalz: Von selbigem beauftragt, schuf der flämisch-italienische Bildhauer Gabriel Grupello ein barockes Denkmal, das den Fürsten mit Rüstung, Kurhut, Ordensjette und Marschallstab auf einem trabenden Pferd inszeniert. An der Ecke zur Zollstraße blickt der 1932 aufgestellte ***Gießerjunge*** Willi Hoselmanns bescheiden in Richtung seines Landesherrn. Hinter dem nahegelegenen Haus des Karnevals an der Zollstraße 9 findet sich mit dem von Bert Gerresheim geschaffenen ***Hoppeditz*** das Ur-Symbol des Düsseldorfer Karnevals. 2008 enthüllt, thront er auf einem Berg aus närrischen Kopfbedeckungen und Masken und wurde mit Narrenmütze und -spiegel ausgestattet.

Heine Haus Literaturhaus Düsseldorf: In dem Hinterhaus der Bolkerstraße 53 (I D6) wurde 1797 der Dichter Heinrich Heine geboren. Heute widmet sich das Gebäude der Vermittlung und Förderung deutschsprachiger und internationaler zeitgenössischer Literatur. An einer weißen Wand hinter den Fenstern durfte sich 2007 der Schweizer Street-Art-Künstler Harald Naegeli mit seinen langgliedrigen Strichfiguren verewigen. Er lebte lange in Düsseldorf und fand hier u. a. in Joseph Beuys prominente Unterstützer.

Das **Geschäftshaus Ziem** an der Ecke Bolkerstraße / Heinrich-Heine-Allee (I D6) wurde 1930 von Bernhard Pfau für den Optiker Gustav Ziem entworfen. Seine Gestalt beruht auf seinem Standort an der zu einem damals neugeschaffenen Durchbruch von der Heinrich-Heine-Allee zur Bolkerstraße ausgerichteten Stirnseite der Bebauung. Der einen schmalen Innenhof umrahmende sechsgeschossige Bau zeigt sich nach außen als massiver Kubus. Das EG wird durch breite Schaufenster mit schmalen Stützen geöffnet. Die Wandflächen darüber erfahren eine Gliederung durch die Verkleidung mit Sandsteinplatten und die rasterförmig angeordneten Fenster. Eine im Osten und Westen die Geschosse trennende, teilweise aus Muschelkalk bestehende Bänderung wird im Norden über die Ecke fortgesetzt.

In der **Flinger Straße** (I D6) finden sich mehrere historische Bauten. Gleich zu Beginn ist das Gebäude Nr. 1 ein besonderes Beispiel: Der ungewöhnlich flache Aufbau des um 1700 errichteten, geschweiften Giebels liegt in der Form des dahinter befindlichen Mansardgiebeldachs begründet. Ein weiteres Beispiel findet sich in dem 1627 errichteten Gebäude Nr. 36: Es ist zur Straße als dreigeschossiger Backsteinbau mit hochaufragendem Treppengiebel konzipiert und zeigt auf der Rückseite Fachwerkelemente.

Auch das ehem. **Volkshaus** ist in der Flinger Straße 11 (I D6) zu finden: Es wurde Anfang des 20. Jh.s als Büro- und Versammlungsgebäude für die Düsseldorfer sozialdemokratischfreigewerkschaftliche Arbeiterbewegung konzipiert. Während des Nazi-Regimes beschlagnahmt und zum »Haus der deutschen Stände« umbenannt, diente es nach dem Zweiten Weltkrieg verschiedenen Zwecken. Die Fassade wurde mehrfach verändert, doch 1989 wurde der Originalzustand weitgehend wiederhergestellt. Sie wird durch eine Arkadenreihe mit Korbbögen im EG, zwei Fenstergeschosse mit trennenden Wandpfeilern in Kolossalordnung und ein Giebelgeschoss mit kleineren Fenstern und einem mittleren Ochsenauge gegliedert. Das Giebelgeschoss in Segmentbogenform wird unten von einem Gesims- und Balkonband eingeleitet, an dem ursprünglich in einer Jugendstiltype der Schriftzug »Volkshaus« zu sehen war. Von der Innenausstattung ist nichts erhalten.

Die **Berger Kirche** (I D6) wurde Ende des 17. Jh.s für die lutherische Gemeinde errichtet, wie die Neanderkirche allerdings zwangsläufig gegenüber dem Straßenzug zurückversetzt (zu den Gründen s. S. 40), so dass sie in einem Innenhof zu finden ist. Nach Zerstörungen im Zweiten Weltkrieg baute man sie in den 1960ern wieder auf. Seit 2003 wird sie von der Diakonie genutzt. Der Backsteinbau ist sehr schlicht gehalten. Die Eingangsfassade wird lediglich durch ein mittiges, großes Rundbogenfenster und einen Giebel mit geschweiftem Ansatz und Dreiecksabschluss akzentuiert. Der Innenraum der Saalkirche erfuhr 2003 eine Umgestaltung durch den Frankfurter Künstler Tobias Rehberger. Zur Neugestaltung gehören geometrisch gemusterte Wandbehänge, der weiße Acrylglas-Altar und eine über diesem schwebende rot-orange Lichtkugel. Der Altar ist elektronisch mit der evang. Johanneskirche (S. 74) und der kath. Lambertuskirche (S. 32) verbunden und visualisiert Geräusche innerhalb dieser Kirchen über im Altar angebrachte Lampen.

Vom **Carsch-Haus** (I D6) ist nurmehr die Fassade erhalten. 1911 hatte Otto Engler das Haus für den Herrenausstatter Paul

Carsch entworfen. Nach mehrfacher Nutzungsänderung wurde es in den 1970ern unter der Leitung der Architekturbüros Hentrich, Petschnigg & Partner (HPP) und Rhode Kellermann Wawrowsky (RKW) abgerissen, seine neoklassizistische Sandsteinfassade wurde einem versetzt errichteten Neubau vorgelagert. Sie erfährt ihre Gliederung durch eine Kolossalordnung und dazwischenliegende Dreiergruppen von vertikalen Fensterbändern. Die Pilaster münden unterhalb des Mezzaningeschosses in einen teilweise mit Dreieckgiebeln versehenen Fries. Das flache Walmdach wird durch segmentbogenförmige Gauben durchbrochen.

Das **Wilhelm-Marx-Haus** (I D6) wurde 1922–24 erbaut ◆ und gilt als erstes Hochhaus Deutschlands. Es wurde von Wilhelm Kreis entworfen und nach Wilhelm Marx benannt, der 1899–1910 als Oberbürgermeister die Geschicke der Stadt lenkte. In der 1980ern erfuhr der nördliche Riegel eine fassaden- und profilgleiche Erweiterung bis zur Kasernenstraße. Die Gestalt des in Stahlbeton konstruierten Gebäudes wird maßgeblich durch seinen winkelförmigen Grundriss geprägt. Über diesem erheben sich zwei sechsgeschossige Riegelbauten und ein zwölfgeschossiger Eckturm. Die Gestalt des Turms ergibt sich aus der Grundrissform eines griechischen Kreuzes, dessen Arme teilweise die Fluchten der Riegelbauten fortsetzen. Das EG öffnet sich mit profilierten Pfeilern zum Außenraum. Die Pfeiler mit ihren quergelagerten Fensterzonen gehen in das 1. Fenstergeschoss über. Darüber folgen drei weitere durch Werksteinrahmung zusammengefasste und durch Klinkerflächen gegliederte Fenstergeschosse. Der durch einen Bogenfries aus Segmentgiebeln und ein vorkragendes Gesims geschaffene horizontale Abschluss der Riegelbauten wird am Turm fortgesetzt. Im oberen Bereich des Turmbaus befinden sich vier weitere Fenstergeschosse, die in zwei Geschosse mit kleineren Fenstern und einen maßwerkartig durchbrochenen

Wilhelm-Marx-Haus

Abschluss münden. Dieser setzt sich aus einer unteren Pfeilerreihe, einem trennenden Gesims und einem abschließenden Fries aus übereinander gelagerten Spitzbögen zusammen. Dahinter lässt sich ein Turmhelm mit Oktogramm-Grundriss erahnen.

Das Rheinufer zwischen Oberkasseler Brücke und Altem Hafen

Die 1993 erfolgte Umleitung der Rheinuferstraße in den Rheinufertunnel ermöglichte eine Neugestaltung des oberirdischen Bereichs zwischen Oberkasseler Brücke und Rheinkniebrücke (1 C5/6; S. 170). Ziel des von Niklaus Fritschi, Benedikt Stahl und Günter Baum entwickelten Konzepts war die Wiederanbindung der Düsseldorfer Altstadt an den Rhein mit gleichzeitiger Überleitung zum neuen Bezirk des Medienhafens (I A–B7). Die 1995 fertiggestellte **Rheinuferpromenade** ◆ beginnt nördlich an der Tonhalle (I C–D4/5; S. 143). Sie verläuft entlang der aus dem Jahr 1902 stammenden, im Zuge der Tunnelarbeiten restaurierten Hochwasserschutzmauern bis zur Rheinkniebrücke. Am Landtag (I B–C7; S. 83) geht sie mit leichtem Schwung in das Hafengelände über. Auf das Ufer zulaufende Querstraßen ermöglichen Sichtbezüge zwischen Rheinufer und Alt- bzw. Carlstadt. Diese Achsen werden teilweise durch Plätze oder Hochpunkte hervorgehoben. Die Promenade selbst besteht aus einer erdigen Sandbahn mit seitlich einfassendem Geh- bzw. Radweg. Sie wird stellenweise von Anliegerstraßen begleitet. Mit der Grundgestalt der Allee knüpfte man an die gartenkünstlerische Tradition der Stadt an. Die etwa 700 Platanen mit flach geschnittener Krone wurden in Doppel-, stellenweise in Dreierreihe gepflanzt. Die Pflasterung der wellenförmigen Wege erfolgte mit basaltblau eingefärbten, teilweise gerillten Pflastersteinen. Zur Beleuchtung dienen kugelförmige Straßenleuchten. Auf die ursprünglich zum Konzept gehörige Lichtplanung mit einem durchgehenden Lichtband und einem als Linse fungierenden Glasbau am Burgplatz (S. 49) wurde aus finanziellen Gründen verzichtet. Die Umgestaltung des Bereichs zu einer lebendigen städtischen Zone beinhaltete auch die Neukonzeption der Kasematten auf und an der Unteren Werft. Dieser untere Bereich ist von dem als Zentrum der Promenade konzipierten Burgplatz zu erreichen. Hier findet sich eine geschwungene Rampe mit einer zum gegenüberliegenden Oberkassel ausgerichteten, 50 m breiten Freitreppenanlage. Die nach einem Entwurf von Hermann-Josef Kuhna geschaffenen, an den Pointillismus erinnernden Malereien an den Wänden von Treppe und Rampe wurden 2017 in eine Gestaltung aus bunten Mosaikkacheln transformiert.

Der **Schlossturm** (1 C5) auf dem Burgplatz fungiert als zentraler Hochpunkt der Rheinuferpromenade. Es handelt sich um das einzige bauliche Relikt des 1872 abgebrannten herzoglichen Schlosses. Ursprünglich bildete der Turm den nördlichen Abschluss der landesherrlichen Burg. Diese war im 14. Jh. als dreiflügelige Anlage unter dem Grafen von Berg errichtet und später in mehreren Neu- und Umbauphasen zum Residenzschloss erweitert worden. Die ersten drei Geschosse des Turms verweisen auf seine ursprüngliche Form des 14. Jh.s. Das vierte, polygonal gestaltete Geschoss mit toskanischen Halbsäulen entstand im 16. Jh. nach Plänen des Landesbaumeisters Alessandro Pasqualini. Das fünfte Geschoss wurde

Rheinufer mit Krämerstraße am Düsseldorfer Schloss,
Gemälde von Franz Stegmann, 1882

im 19. Jh. von dem Akademieprofessor Rudolf Wiegmann und dem königlich-preußischen Hofarchitekten Friedrich August Stüler konzipiert. Die Innenräume erfuhren mehrere Umgestaltungen. Seit 1984 beherbergt der Turm das Schifffahrtmuseum (S. 185).

Auf dem **Burgplatz** (I C5) befinden sich verschiedene Skulpturen: das zum 700. Stadtgeburtstag im Jahr 1988 in Erinnerung an die Schlacht von Worringen (1288) geschaffene *Stadterhebungsmonument* von Bert Gerresheim, der 1954 aufgestellte *Radschläger-Brunnen* von Alfred Zschorsch sowie eine der vielfach in Düsseldorf zu findenden, archaisch wirkenden Frauenfiguren von Hannelore Köhler.

Am Rathausufer markieren zwei Wohntürme den Eingang zum **Alten Hafen** (I C6), der bis um 1800 genutzt wurde. Ab Ende der 1980er Jahre wurde das Areal durch das Büro von Albert Speer neugestaltet. Die Maßnahmen beinhalteten eine partielle Rekonstruktion und Ergänzung der Bastion der ehem. Zitadelle sowie Neubauten für das **Hetjens-** und das **Filmmuseum** (zu den Sammlungen s. S. 181 f.). Den Mittelpunkt des Komplexes bildet das große Wasserbecken mit dem darin platzierten alten Aalschokker. Die modernen Riegelbauten rings herum beherbergen die beiden Museen sowie Wohn- und Geschäftsräume. Während die nördlichen, zur Altstadt ausgerichteten Bauten Ziegelfassaden zeigen, wurden die an die Carlstadt grenzenden Gebäude hell verputzt. An der Brüstung des Wasserbeckens befindet sich seit 1997 die Skulptur *Ehra*. Das Kind mit Ball wurde von dem zur Künstlervereinigung »Junges Rheinland« gehörigen Otto Pankok als Denkmal für Sinti und Roma geschaffen.

Das **Palais Nesselrode** liegt am östlichen Rand des Alten Hafens an der Ecke von Hafen- und Schulstraße. Das zweigeschossige Adelshaus wurde Ende des 17. Jh.s auf der ehem. Zitadelle errichtet. Im Besitz des Grafen von Nesselrode kam es im 18. Jh. zu Umbau- und Erweiterungsmaßnahmen. Beim Wiederaufbau nach dem Zweiten Weltkrieg in den 1960ern richtete man sich nach den Plänen aus dem 18. Jh. Seit 1969 ist in dem Bau das Hetjens-Museum (S. 182) untergebracht. 1994 wurde das Gebäude über einen unterirdischen Ausstellungsraum mit einem westlich platzierten Neubau verbunden. Das dreiflügelige Palais öffnet sich nach Süden zu einem kleinen Ehrenhof. Die Gliederung der Backsteinfassade erfolgt über eine Sockelzone und profilierte Fensterrahmungen aus Naturstein. Die eng gereihten, hochrechteckigen Fenster werden zusätzlich mit dunklen Fensterläden betont. Den Abschluss bildet ein durchfenstertes Mansarddach. Die Fenster sind als Dachhäuschen mit Segmentbögen und als Fledermausgauben ausgebildet.

(Zum Rheinufer südlich davon s. S. 79 ff.)

Der Hofgartenbereich

(Zum Areal südlich des Hofgartens s. S. 60.)

Das **Ratinger Tor** (1 D5) ist das letzte erhaltene Düsseldorfer Stadttor. Zwischen den beiden Torbauten verläuft die Einfahrt zu der den Hofgarten trennenden Maximilian-Weyhe-Allee. Sie wurden 1811–15 nach Niederlegung der Festungsanlagen ein Stück entfernt vom Standort eines Vorgängerbaus mit der Funktion eines Zolltors errichtet. In der Tradition von Gartentempeln konzipierte Adolph von Vagedes sie nach dem Vorbild griechischer Tempel. Sie sind einander zugewandt und haben an den Stirnseiten sechs kannelierte dorische Säulen mit – für den Klassizismus eher unüblichen – gestaffelten Interkolumnien (Zwischenräumen). Darüber erheben sich ein mit Triglyphen und Metopen versehenes Gebälk und ein abschließender Dreiecksgiebel. Nach Zerstörung im Zweiten

Weltkrieg erfolgte in den 1950ern ein Umbau des südlichen Torbaus.

Der **Hofgarten** (1 D4/5–E5) geht im östlichen Bereich auf einen Plan von Nicolas de Pigage aus dem Jahr 1769 zurück. Von Kurfürst Karl Theodor beauftragt, konzipierte jener eine Gartenanlage zwischen einem vom Ratinger Tor nach Pempelfort führenden Weg und der kanalisierten Düssel. Damals lag das Areal außerhalb der städtischen Festungsmauern. Die streng geometrische Form der Hauptwege beruhte auf Gestaltungselementen des französischen Barockgartens. Die den schmalen Geländestreifen diagonal durchziehende Reitallee wurde als Hauptachse konzipiert und vom eingefassten Bassin im Südosten zum Point de Vue, dem Schloss Jägerhof, geführt. Südwestlich wies die Lindenallee auf die Andreaskirche, die Hofkirche und Grablege der Wittelsbacher in Jülich-Berg. Parallel zur Düssel konzipierte Pigage eine weitere Allee. Diese bildete zusammen mit einem nördlichen Pendant einen Dreistahl, eine sog. Patte d'Oie (Gänsefuß). Zwischen den Bosketts wand sich ein Wegesystem mit kleinen Plätzen. Die Erschließung erfolgte im Nordwesten über das von Pigage angelegte Hofgärtnerhaus. Dieses wurde wie der chinesische Pavillon aus dem Jahr 1782 während der Napoleonischen Kriege gesprengt. Nach Niederlegung der Festungsanlage erfolgte Anfang des 19. Jh.s unter Maximilian Friedrich Weyhe ein am ursprünglichen Plan orientierter Wiederaufbau der Anlage mit gleichzeitiger Umgestaltung des Terrains zwischen den Alleen. Ein 1811 von Napoleon erlassenes Dekret ermöglichte eine westliche Erweiterung der Anlage, die sich nun entlang der Heinrich-Heine-Allee bis zum Rhein erstrecken sollte. Im Stil des englischen Landschaftsgartens entstand ein Gelände mit großzügigen Wasserflächen und drei Hügeln. Der Aushub des im Süden angelegten Weihers Landskrone wurde für die Aufschüttung von Ananas- und Hexenberg genutzt. Die an die

Landskrone grenzenden Halbinseln wurden durch eine Brücke verbunden. Über die Wasserflächen und die Goldene Brücke wurde die Ost-West-Sichtachse vom Schloss Jägerhof bis zum heutigen Grabbeplatz fortgeführt und beide Hofgartenteile wurden gartenkünstlerisch miteinander verbunden. Im Nordosten grenzte die Anlage ursprünglich an den Sicherheitshafen, der später zugeschüttet wurde. Mit seinem Aushub war der in der Achse der nördlichen Reitallee gelegene, dem französischen Kaiser gewidmete Napoleonsberg modelliert worden. Seit 1926 grenzt der Hofgarten nordwestlich an das Gelände des Ehrenhofs, der damals für die GeSoLei entstanden war (S. 142). Infolge der Stadterneuerungsmaßnahmen unter Friedrich Tamms kam es in der zweiten Hälfte des 20. Jh.s zur Errichtung mehrerer Fußgängerpassagen und zur Neuanlage von Straßen wie der Maximilian-Weyhe-Allee, was zur Durchschneidung des Hofgartens führte. Mit der Wehrhahn-Linie 2016 und dem Kö-Bogen I wurden Königsallee und Hofgartenstraße wieder ebenerdig an den Bereich der Landskrone angebunden. Allerdings verhindern der nördliche Tunnelmund, die unveränderte Trassierung der Straßenbahn und der Wegfall zweier Passagen nun eine vom Verkehr unabhängige Erschließung der beiden Hofgartenteile.

Der Hofgarten beherbergt zahlreiche **Denkmäler und Kunstobjekte**. Auf dem Napoleonsberg befindet sich die Heinrich Heine gewidmete, 1953 von Aristide Maillol geschaffene Bronzestatue eines jungen Mädchens mit dem Titel *Harmonie*. Weiter südlich, am Ende der nördlichen Reitallee, liegt eine Replik des 1909 von dem Düsseldorfer Akademiekünstler Josef Pallenberg naturgetreu entworfenen *Röhrenden Hirschs*. Im südlichen Teil des Hofgartens auf dem Aussichtshügel Ananasberg wirbt die abstrakt gestaltete, überlebensgroße Bronzegussplastik *Der Mahner* von Wadim Abramowitsch Sidur seit 1985 für Frieden. In unmittelbarer Nähe fin-

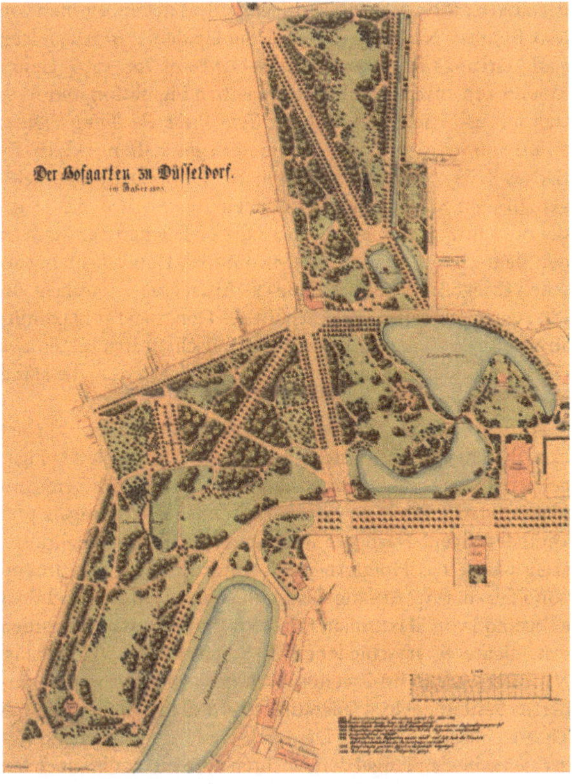

Fritz Hillebrecht, Plan des Hofgartens aus dem Jahr 1895

det sich der 1905 aufgestellte Jugendstil-Märchenbrunnen von Max Blondat. Nach Überquerung der Goldenen Brücke folgen Karl Hartungs *Robert-Schumann-Denkmal* von 1956, Henry Moores organisch biomorphe, zwischen Figuration und Abstraktion changierende Skulptur *Two Piece Reclining Figure: Points* von 1969–70 sowie ein um 1900 geschaffenes klassizistisches Kriegerdenkmal Karl Hilgers; der nackte, junge Krieger auf dem Sarkophag und der begleitende Löwe, das Wappentier Düsseldorfs, erinnern an die Gefallenen der Stadt in den deutschen Einigungskriegen und im Deutsch-Französischen Krieg. Am östlichen Ende des Alten Hofgartens liegt ein 1850 von Carl Hoffmann geschaffenes Denkmal für Maximilian von Weyhe, den Garten- und Landschaftsarchitekten des Hofgartens, der hier auch den Plan des Hofgartens in der Hand hält.

Hofgärtnerhaus (1 D–E5): Der Bau an der nordwestlichen Ecke des alten Hofgartenteils wurde 1769 von Nicolas de Pigage entworfen – eingeschossig und mit viertelkreisförmigem Mansarddach. Doch er erfuhr mehrere Erweiterungen und Veränderungen. Nach der Sprengung im Ersten Koalitionskrieg wurde das Hofgärtnerhaus unter Kurfürst Max Joseph von Pfalz-Bayern Anfang des 19. Jh.s rekonstruiert. Nachdem es bis 1808 von Maximilian Friedrich Weyhe bewohnt worden war, diente es verschiedenen Zwecken, u. a. als Kaffeehaus. Nach Zerstörung im Zweiten Weltkrieg wurde es mit veränderten Seitenflügeln wiederaufgebaut und beherbergt nun das Theatermuseum (S. 185). Dem Eckstandort entsprechend folgen seine beiden Flügel den Fluchten der sich hier kreuzenden Straßen (Jägerhof- und Hofgartenstraße). Zwischen den beiden fünfachsigen Flügeln vermittelt ein dreiachsiger Mittelbau mit erhöhtem Mansarddach. Der Mittelbau mit Eingangsportal sowie die Ecken und Fenster der Flügel erfuhren eine Akzentuierung mit Werksteinverkleidung.

Die **Malkastenstraße** (I E5) entstand Anfang des 20. Jh.s im Zuge der Parzellierung des Schlossgartens südlich von Schloss Jägerhof. Die hier errichteten Bauten sollten dem Großbürgertum als repräsentative Wohnsitze dienen. Meist in Werkstein gehalten, zeigen die verschiedenen viergeschossigen Fassaden Erker, bekrönende Giebel und Bauschmuck aus Säulen und figürlichen Elementen. Die Stirnbauten am Ende der Straße machen den repräsentativen Charakter der ehem. Wohngegend auch von der Pempelforter Straße und der Jacobistraße her erfahrbar.

Malkasten (I E5): Der gleichnamige, 1848 gegründete Künstlerverein erwarb das Grundstück 1861 von der Familie Jacobi, um das hier befindliche Wohnhaus des Philosophen Friedrich Heinrich Jacobi (1743–1819) mitsamt dem künstlerisch gestalteten Jacobi'schen Garten zu erhalten. Das als Fest- und Gesellschaftshaus konzipierte Vereinshaus wurde 1864–67 nach den Plänen des Malers Ludwig Blank – bekannt als Louis Ammy Blanc – erbaut. Nach der Zerstörung im Zweiten Weltkrieg übernahmen Helmut Hentrich und Hans Heuser den Wiederaufbau. Nach dem Abriss verbliebener, kriegsbeschädigter Teile des Gebäudekomplexes erhielt das Haus 1954 einen neuen Eingangsbereich. Im Zuge dessen erfolgte auch der Anschluss des alten Jacobihauses an das neue Gesellschaftshaus. Heute werden die Räumlichkeiten gastronomisch sowie für Kulturveranstaltungen genutzt. Die Architektur erzielt ihre Wirkung über die Verbindung des modern gestalteten Gesellschaftshauses mit dem alten Jacobihaus und seinen traditionellen Formen. Charakteristisch für den Neubau erscheinen die großen, rasterförmig gegliederten Fensterflächen an Eingangsbereich und OG mit den ihnen vorgesetzten eleganten Rundpfeilern. Die Pfeiler schaffen die Verbindung zu den glatt verputzten Wandflächen des EG und den die gläserne Eingangsfront flankierenden Wandabschnitten. Durch den Künstlerverein

Malkasten initiiert, stellen regelmäßig prominente Künstler Skulpturen auf dem Platz vor dem Vereinsgebäude aus. Nach Objekten von Hans-Peter Feldmann, Tony Cragg, Felix Droese und Dong Shouping wurde hier 2019 der *Mann ohne Gesicht* von Thomas Schütte platziert.

Der zugehörige **Malkasten-Garten** setzt den Hofgarten als Parkanlage fort. Johann Konrad Jacobi hatte 1742 hier ein Gut erworben und einen barocken Garten mit Parterre und Allee anlegen lassen. Unter seinem Sohn Friedrich Heinrich Jacobi wurde er in einen englischen Landschaftsgarten umgewandelt. Im Zuge der Entstehung des neuen Malkasten-Hauses nach dem Krieg erfolgte eine Neugestaltung der Anlage durch den Landschaftsarchitekten Roland Weber. Gäste des zugehörigen Restaurants können sich den farbenfrohen Park samt seinen Kunstwerken ansehen – darunter z. B. die Ende des 19. Jh.s von Gustav Rutz geschaffene *Düsselnixe*, die etwas später von Franz Dorrenbach gestaltete Skulptur *Mutter mit Kind*, die in den 1980er Jahren aufgestellte *Mutter Ey* von Gerda Kratz oder die 2015 eingeweihte, dem chinesischen Philosophen Laozi gewidmete Skulptur von Chen Yungang.

Die kath. **Rochuskirche** (I E4) setzt sich aus einem Ende des 19. Jh.s entstandenen neoromanischen Glockenturm und einem von Paul Schneider-Esleben entworfenen Kuppelbau aus der Mitte der 1950er zusammen. Ursprünglich hatte Josef Kleesattel einen Kirchenbau in der Tradition der rheinischen Romanik mit additivem Aufbau und mehreren Türmen und Apsiden geplant. Schneider-Esleben reflektierte diesen Plan im Zentralbau, denn dessen dreipassförmiger Grundriss kann als konzentrisch verschmolzene Version einer Drei-Konchen-Anlage verstanden werden. Als zusätzliches Motiv der Erinnerung dienen heute sechs stilisierte Pfeiler in der Achse des Turmes. Der Neubau dahinter setzt sich aus einem eingeschossigen Umgangs-Baukörper und einem mittig davon eiförmig aufsteigenden Kuppelbau zusammen. Der rahmende Vorbau wird durch rautenförmige Ziegel, einen wellenförmigen Fries und ein unter der Trauflinie verlaufendes Lichtband gegliedert. Seine Dächer sind entsprechend der Dreipassform leicht gewölbt. Am Kuppelbau sind die zwickelartigen Übergänge zwischen den drei parabol aufsteigenden, mit Kupferplatten verkleideten Schalen als Lichtbänder gestaltet. Der Zugang erfolgt über einen mittigen Eingangsvorbau. Innen wird der in Stahlskelettkonstruktion errichtete Kuppelbau durch zwölf stützende Rundpfeiler vom Umgang abgegrenzt. Die ursprünglich mit bunten Glassteinen versehenen Lichtbänder der Kuppel und das Opaion bestimmen die Raumwirkung. Der exzentrisch aufgestellte Altar wird durch eine bereits 1941 von Ewald Mataré geschaffene, in der Kuppel aufgehängte Holzskulptur des Gekreuzigten akzentuiert.

Schloss Jägerhof (1 E5), ursprünglich vor der Stadt gelegen, erhebt sich als Point de Vue am nordwestlichen Ende der Jägerhofallee. Der als Jagdschloss konzipierte Bau entstand in der zweiten Hälfte des 18. Jh.s unter Nicolas de Pigage nach Plänen von Johann Joseph Couven. In der Tradition einer Maison de Plaisance (Lustschloss) im Stil des Rokoko gestaltet, sollte er zunächst dem bergischen Oberjägermeister als Amtswohnung dienen. Im 19. Jh. wurde das Gebäude unter preußischer Herrschaft nach Plänen von Adolph Vagedes zu einer Dreiflügelanlage umgestaltet. Nachdem die Stadt Düsseldorf das Schloss samt Schloss- und Hofgarten Anfang des 20. Jh.s erworben hatte, erfolgte der Abriss der Seitenflügel. Nach Zerstörung im Zweiten Weltkrieg kam es unter Helmut Hentrich zu einem Wiederaufbau des Schlosses. Heute beherbergt es das Goethe-Museum (zur Sammlung s. S. 181). Die Fassade wird durch zwei äußere, zweiachsige und einen weiter vortretenden, dreiachsigen Mittelrisalit strukturiert. Die Betonung der Mitte durch den abgerundeten Risalit erfährt durch das zentrale Portal im EG mit darüberliegendem Balkon, ein den übrigen Bau überragendes, weiteres Geschoss und ein großes Natursteinrelief am Dach eine Verstärkung. Die weitere Fassadengliederung erfolgt über große flach- bzw. rundbogige Fenster, Pilaster, Geschossgesimse und Werksteinverkleidungen an den Ecken. Den Abschluss bildet ein Mansarddach mit runden und flachbogigen Erkerfenstern.

Das sog. **Aluminiumhaus** (I E5) wurde in den 1950ern von Helmut Hentrich und Hans Heuser unter Mitarbeit von Hubert Petschnigg als Wohn- und Bürohaus für die Familie van Meeteren entworfen. Alle Stockwerke der fünfgeschossigen Fassade sind verglast. Die oberen Geschosse wurden mit Wendeflügelfenstern ausgestattet. Über die gesamte Gebäudebreite verlaufen Balkone mit filigranen Stahlgeländern. Dahinter bilden aluminiumverkleidete, sich nach vorne verjüngende Gebäudestützen die vertikale Gliederung. Seitlich wird der Bau von schmalen Wandstücken mit Natursteinverkleidung begrenzt, oben wird er durch eine vorkragende Dachplatte mit einem zurückversetzten weiteren Geschoss abgeschlossen. Der in der Mitte platzierte, mit Naturstein verkleidete Eingangsbereich erstreckt sich über drei von schmalen Pfeilern getrennte Achsen. An die Lochfassade der Gebäuderückseite wurde mittig in halbrunder Ausbuchtung ein verglastes Treppenhaus mit Wendeltreppe angeschlossen.

Jugendstilhaus (Jägerhofstr. 19–20; I E5): Der Name führt in die Irre, denn die Fassade des Gebäudes ist dem Neoklassizismus zuzuordnen. Sie ist der Überrest eines um 1900 erbauten Hauses von Ludwig H. Fettweis, das in den 1990ern abgerissen wurde. Die dreigeschossige, fünfachsige Werksteinfassade ist symmetrisch konzipiert. Der dreiachsige Mittelrisalit wird durch ein von Säulen gerahmtes Portal, einen erkerähnlichen Vorbau mit Balkon und einen abschließenden Dreiecksgiebel mit querliegendem Ochsenauge zusätzlich betont. Hinter der Fassade erhebt sich der 1990 vom Büro Paul Schneider-Eslebens angeschlossene Neubau mit zusätzlichen Geschossen in gerasterten Glasflächen und einer abschließenden, gläsernen Dachpyramide.

Ehem. **Verwaltungsgebäude des Gerling-Konzerns** (1 E5): Der Bau wurde in den 1950ern von Arno Breker entworfen. Die Fenster der fünfgeschossigen, 13-achsigen Rasterfassaden sind von unten nach oben sowie von innen nach außen gestaffelt. Seitlich wird der mit hellem Naturstein verkleidete Bau durch konkav einschwingende Wandflächen, oben durch ein leicht vorspringendes Flachdach mit einem zurückversetzten weiteren Geschoss abgeschlossen. Jedes der hochrechteckigen Fenster wird von vorgesetzten schlanken Rundpfeilerpaaren flankiert. Schmale Bänder trennen die Geschosse. Der Eingang liegt mittig und erstreckt sich ohne Rundpfeiler dazwischen über drei Fensterachsen. Dahinter befindet sich eine großzügige Eingangshalle mit gläsernem Treppenhaus, über das sich die oberen Etagen erschließen lassen.

Das **Haus des Einzelhandelsverbandes** (1 D5) an der Grenze zu Pempelfort wurde 1952 auf den Grundmauern eines kriegszerstörten Vorgängerbaus nach Plänen von Helmut Hentrich für den Einzelhandelsverband der Rheinprovinz errichtet. Die Fassade des fünfgeschossigen Stahlskelettbaus mit Staffelgeschoss wird durch ein mit Werkstein verkleidetes Raster aus dreiteiligen, geschosshohen Fenstereinheiten bestimmt. Diese liegen jeweils zurückversetzt in einer loggiaartigen Nische, der eine filigrane Stahlbrüstung in Rautenmuster vorgelagert ist. Sockel- und Staffelgeschoss sind mit kleineren Fenstern versehen. Der aus der Mitte gerückte Eingang wirkt dem streng symmetrischen Aufbau entgegen.

Wohnhaus in der Feldstraße 34–36 (1 D–E4): Der Bau entstand in den 1950ern nach einem Entwurf von Josef Lehmbrock unter Nutzung der noch bestehenden Außenmauern eines Vorgängerbaus. Dem fünfgeschossigen Gebäude wurde eine neue, weitgehend verglaste Fassade vorgeblendet. In den 1960ern erfolgte eine Verkleidung des EG mit Keramikfliesen von Anneliese Langenbach, die Lehmbrock aus der Düsseldorfer Kunstakademie kannte. Haus 36, auf dem von Lehmbrock erst in den 1980ern erworbenen Nachbargrundstück, grenzt sich sowohl in der Materialität als auch der Gestaltung vom linken Gebäudeteil ab. Seine Fassade aus diagonal verlegten Holzlatten folgt Entwürfen der Düsseldorfer Künstlerin Beate Schiff. Während bei Haus 34 die Obergeschosse von zurückversetzten Loggien mit abschließendem Balkon geprägt sind, öffnet sich Haus 36 über vier kleinere, vorkragende Balkone zum Außenraum. Der gemeinsame Eingang und das abschließende, beide Häuser überfangende Tonnendach fungieren als verbindende Elemente. Im Innern wurde zugunsten großzügiger Räume weitestgehend auf eine Unterteilung durch Trennwände verzichtet.

Südlich des Hofgartens

Das **Opernhaus** (1 D5) wurde, ursprünglich als Theater konzipiert, 1873–75 nach Plänen von Ernst Giese erbaut. 1905 erfolgte ein Umbau des Innern mit Modernisierung des Zuschauerraums. Nach Zerstörungen im Zweiten Weltkrieg wurde das Gebäude unter Leitung der Architekten Paul Bonatz, Julius Schulte-Frohlinde und Ernst Huhn 1954–56 zu einem modernen Opern-, Konzert- und Balletthaus um- und ausgebaut. Der Bühnenbereich blieb dabei weitestgehend erhalten. Der Zuschauerraum und die Fassade erfuhren eine Neukonzeption. 2006/07 erfolgten umfassende Sanierungsarbeiten. Statt der ursprünglichen, konvex geschwungenen Schaufassade hat der Bau heute eine geschlossene, kubische Außengestalt. Die Eingangsseite des achsensymmetrisch gestalteten Gebäudes wird durch einen von vier Pfeilern gestützten Vorbau mit kassettierter Travertinverkleidung geprägt. Ein an diesem ansetzender, das Gebäude weitestgehend umlaufender Balkonbereich bildet eine horizontale Zäsur. Der Eingangsbereich liegt mittig unterhalb des risalitartigen Vorbaus. Darüber erheben sich in drei Achsen je ein Drillingsfenster sowie ein großes hochrechteckiges Fenster mit abschließendem Relief von Ferdinand Heseding. Nord- und Südfassade weisen mehrere vor- und zurückspringende, kubische Baukörper auf. Die verputzten Wandflächen werden durch in verschiedenen Rastern angeordnete Fenstereinheiten durchbrochen. Neben einzelnen hochrechteckigen Fenstern und einem Rundbogenfenster im östlichen Bereich finden sich auch zu horizontalen und vertikalen Einheiten zusammengefasste Fensterzonen. Die symmetrisch aufgebaute Ostfassade nutzt ähnliche Gestaltungselemente. Zusätzlich verfügt sie über zwei den Mittelrisalit flankierende, verglaste Baukörper über viertelkreisförmigem Grundriss. Der **Hauptraum** folgt mit der Gestaltung von Parkett, Balkonen und Guckkastenbühne dem prototypischen Aufbau eines barocken Theatersaals. Einzelne Elemente zeigen aber auch Einflüsse aus der Kinoarchitektur der 1950er Jahre. An den Wänden finden sich Monumentalmalereien von Robert Pudlich, Karl Heinz Dallinger und Richard Schwarzkopf.

Neben dem Opernhaus befindet sich seit 2012 eine rekonstruierte **Skulptur zu Ehren Felix Mendelssohn Bartholdys**, der 1833 als Intendant nach Düsseldorf berufen wurde. Nur wenig entfernt liegt die Anfang des 20. Jh.s von Walter Scheufen entworfene **Büste des Dramatikers Christian Dietrich Grabbe**, dem auch der angrenzende Platz gewidmet wurde.

(Zum Kö-Bogen s. S. 64 ff.)

Das **Dreischeibenhaus** (I E5) wurde in den 1950ern von dem Büro Hentrich, Petschnigg & Partner (HPP) für die Phoenix-Rheinrohr AG Vereinigte Hütten- und Röhrenwerke ◆

Dreischeibenhaus

(später Teil des Thyssen-Konzerns) entworfen. Die Gestalt des international bekannten Hochhauses beruht auf einer Stahlskelettbauweise mit Vorhangfassade. Der Bau zeichnet sich durch seine charakteristische Verbindung der drei parallel versetzt aneinandergereihten, scheibenförmigen Fassadenkörper aus. Vor den das Gebäude durchziehenden, vom Bauherrn produzierten Stahlrohren weisen die Vorhangfassaden eine regelmäßig gerasterte Gliederung aus Glas-, Edelstahl- und Aluminiumflächen auf. Dass ihre Wandflächen einen halben Meter vor dem Boden enden, veranschaulicht, dass sie keine tragende Funktion haben. Da das Gebäude in der Verlängerung der Nord-Süd-Achse liegt, fungieren die schmalen Stirnseiten mit ihren Wandflächen aus Stahlblech als Hauptfassaden. Die Erschließung des Baus erfolgt über zwischen den Scheiben liegende, an den Stirnseiten verglaste Flure. Im Gebäudekern befinden sich Aufzüge und sanitäre Anlagen. Der Innenraum kann nicht vollkommen frei eingeteilt werden, aber sowohl Einzelbüros als auch Großraumbüros und Sitzungssäle sind vorhanden. Nach dem Umbau und der Komplettsanierung unter Leitung von HPP wird das Dreischeibenhaus heute v. a. für Büros genutzt.

Das **Schauspielhaus** (1 E5) entstand Ende der 1960er als Nachfolgebau eines im Zweiten Weltkrieg zerstörten Vorgängers. Der von Bernhard Pfau konzipierte organisch-skulpturale, fünfgeschossige Bau steht in einem spannungsreichen Kontrast zu dem benachbarten Dreischeibenhaus mit seiner vertikal-kubischen Formgebung. Statt der verglasten Fassadenflächen des Nachbarbaus zeigt es eine mit weiß beschichteten Stahlblechpaneelen verkleidete Fassade aus konvex wie konkav geformten, geschlossenen Zonen. Die Wände werden nur vereinzelt durch Reihen aus kleinen Fenstern durchbrochen. Das als Sockelgeschoss fungierende EG öffnet sich mit einer umlaufenden Reihe aus in weiten Abständen angeordneten Rundpfeilern zum Außenraum. Die plastische Schichtung mit zurückweichenden und überlappenden Baukörpern ermöglicht keine klassisch frontalperspektivische Anschauung. Stattdessen animiert der Bau den Betrachter zum Umrunden. Eine ebenerdige Passage unter dem Bau verbindet den südlich gelegenen Gustaf-Gründgens-Platz mit dem nördlich angrenzenden Hofgarten. Das Innere des Schauspielhauses folgt einer teilsymmetrischen Grundstruktur. Die Erschließung erfolgt über einen zum Gustaf-Gründgens-Platz ausgerichteten und vorkragenden Eingangsbaukörper. Hinter diesem befindet sich neben einem Garderobenfoyer auch das zum Hofgarten verglaste Hauptfoyer. Dessen charakteristische Deckenkonstruktion beruht auf radial verlaufenden Stahlbetonträgern, die in einem mittig angeordneten Rundpfeiler zusammenlaufen. Die Zuschauerräume rahmende Holzkonstruktionen im großen und kleinen Bühnenhaus erzeugen eine detaillose Homogenität und konzentrieren den Blick auf den Bühnenraum. Aufgrund der funktionalen und ästhetischen Einheit an Innen- und Außenbau gilt das Haus als einer der bedeutendsten Theaterbauten der Nachkriegszeit.

Die **Goltsteinstraße** (I E5) südlich des Alten Hofgartens wurde nach dem kurfürstlichen Statthalter Graf Johann Ludwig von Goltstein (1717–1779) benannt. Parallel zur Düssel entstand hier im Zuge des Stadterweiterungsplans von 1854 eine als Begrenzung des Hofgartens dienende einseitige Bebauung. Aus der ersten Bauphase stammen die von Josef Krons konzipierten Bauten Nr. 18, 19 und 20. Die dreigeschossigen Putzfassaden folgen mit ihrem schlichten, harmonischen Aufbau, der Betonung der Mitte und den zurückhaltenden Gliederungselementen spätklassizistischen Mustern nach dem Vorbild der Berliner Schinkel-Schule.

(Zum Bereich nördlich der Goltsteinstraße s. S. 50 ff.)

Vom Kö-Bogen die Königsallee hinunter

◆ Die Bauten am **Kö-Bogen** (I D–E5) sind im Zuge eines 2005 initiierten Projekts zur Erneuerung des Freiraumgefüges am südlichen Rand des Hofgartens entstanden. Die Planung umfasste mehrere Bauphasen: Den Beginn bildete die Verlegung der Hofgartenstraße in einen Tunnel und die Errichtung des Kö-Bogens I (2013 fertiggestellt). Im Zusammenhang mit dem Bau der Wehrhahn-Linie wurde die Hochstraße Tausendfüßler abgerissen und ebenfalls durch einen Tunnel ersetzt. Anschließend erfolgten ab 2017 Maßnahmen zur Neustrukturierung des Bereiches zwischen Schauspielhaus und Schadowstraße und der Bau des Kö-Bogens II.

Kö-Bogen I (I D5): Eine erste Konzeption wurde 2005 vom Düsseldorfer Architekturbüro Christoph Ingenhovens vorgestellt. Diese sah ein Ensemble aus zwei halbkreisförmigen Gebäuden mit Glasfassaden vor. Nach europaweiter Ausschreibung zum Verkauf des städtischen Grundstücks und Rücknahme mehrerer Bewerbungen gab es nurmehr einen Bebauungsvorschlag durch das Büro die developer mit dem Architekten Daniel Libeskind. Der stark vom ursprünglichen Ingenhoven-Plan abweichende Entwurf sah einen Gebäudekomplex aus zwei nördlich den Schwung der ehem. Hofgartenstraße aufnehmenden, jeweils einen Innenhof rahmenden Bauten vor. Die Stirnseite des westlichen Baukörpers folgt der Flucht der Königsallee. Die übrigen Fassadenseiten der oberirdisch fünfgeschossigen Bauten sind konvex und konkav geschwungen. Zwischen den beiden Baukörpern verläuft ab dem 2. OG eine beide Gebäude verbindende Brücke. Die Fassade wird durch den Wechsel von Travertin- und Glasflächen bestimmt. Nach Süden und Osten folgen sie einer horizontalen Gliederung aus umlaufenden Fensterzonen, mehrgliedrigen Natursteinbändern und waagerechten Lamellen. Zu Hofgarten und Königsallee weist die Fassade eine vertikale Gliederung aus schmalen, unterschiedlich hohen und breiten Streifen auf. Die horizontal und vertikal angeordneten Elemente werden an allen Seiten durch diagonale Einschnitte unterbrochen. An Nord- und Westfassade werden diese um zurückspringende Einschnitte ergänzt, die teilweise bepflanzt wurden. Zu den Innenhöfen öffnen sich die Baukörper mit großen Fensterzonen. In den Gebäuden befinden sich Büros, Einzelhandel und Gastronomie.

Zwischen Hofgarten und Kö-Bogen I prangt seit 2013 mitten in der Promenade ein monumentaler **Nagel** als Markenzeichen des Düsseldorfer Künstlers Günther Uecker – zugleich ein Verweis auf die Bedeutung der städtischen Stahlindustrie.

Der **Kö-Bogen II** (1 E5) südöstlich des Kö-Bogens I entstand im Zuge der Bebauungsplanung für den mehrere Baufelder zusammenfassenden Bereich an Gustaf-Gründgens-Platz und Tuchtinsel am nördlichen Ende der Berliner Allee. Der ursprüngliche Siegerentwurf von Molestina Architekten und FSWLA aus dem Jahr 2009 wurde nach Abriss des Tausendfüßlers und öffentlichen Diskussionen verworfen. Es kam zu einem neuen Wettbewerb, aus dem das Büro Christoph Ingenhovens mit dem als »Ingenhoven-Tal« bekannt gewordenen Entwurf als Sieger hervorging: einem Ensemble aus zwei Bauten mit geneigten Fassaden- bzw. Dachflächen südlich des Gustaf-Gründgens-Platzes. Als Hauptgestaltungselemente des ab 2017 errichteten Komplexes fungieren terrassiert angeordnete Hainbuchenhecken am Hauptbau und eine als Sitzgelegenheit nutzbare Rasenfläche auf dem Dach des kleinen Baus. Der größere fünfgeschossige Bau erhebt sich über einem trapezförmigen Grundriss Richtung Süden und Osten senkrecht nach oben und fällt nach Norden und Westen ab. Dieses Abfallen erfolgt am Dach zunächst über einen niedrigen und an der Fassade über einen steileren Neigungswinkel. Der kleinere und deutlich niedrigere Bau hat einen dreieckigen Grundriss, und sein Baukörper steigt Richtung Nordwesten an. Da die östliche Seite des Baus annähernd parallel zur westlichen Fassade des großen Baus verläuft, entsteht zwischen beiden Gebäuden eine Art Korridor. Der Blick von Südwesten auf das Schauspielhaus wirkt durch den Korridor wie in einem Tal gerahmt. Durch die niedrige Höhe des westlichen Baus konnte gleichzeitig die Sichtachse auf das als Hochpunkt fungierende Dreischeibenhaus erhalten werden. Zu den städtebaulichen Planungen zählt außerdem die westlich anschließende Fußgängerpromenade, deren Verlauf die Trasse des abgerissenen Tausendfüßlers nachzeichnet.

Der Bereich wird unterquert von der **Wehrhahn-Linie**, einer 2016 eingeweihten U-Bahn-Linie mit sechs künstlerisch gestalteten Stationen: Zwischen Bilk und Am Wehrhahn passiert sie zunächst die Stationen Kirchplatz, Graf-Adolf-Platz und Benrather Straße; dann biegt sie nach Osten Richtung Am Wehrhahn ab und passiert die Stationen Heinrich-Heine-Allee, Schadowstraße und Pempelforter Straße. Von Netzwerkarchitekten und verschiedenen Künstlern konzipiert, werden hier mithilfe verschiedener Farben, Materialien und Medien atmosphärische Raumerlebnisse erzeugt. Die Stationen sind unterschiedlichen Themen gewidmet: Am Graf-Adolf-Platz z. B. begegnet man den psychedelisch anmutenden grünen Farbflächen von Manuel Franke, und an der Benrather Straße schuf Thomas Stricker auf Raumfahrt und Weltall verweisende Räume.

Hinter dem Corneliusplatz südwestlich des Kö-Bogens I erstreckt sich der **Kö-Graben**, ein fast 600 m langer, von Norden nach Süden verlaufender Wassergraben mit grünen Uferböschungen. Er verbindet den Hofgarten mit der südlich gelegenen ehem. Bastion Petrus und fungiert so zugleich als Teil eines blau-grünen, Rhein und gartenkünstlerische Anlagen zusammenbringenden Rings. Indem er Richtung Süden leicht abfällt, kann das aus der Landskrone kommende Wasser in den südlich gelegenen Schwanenspiegel abfließen. Zudem teilt der Stadtgraben die Königsallee in zwei Hälften.

Königsallee (I D6): Der prominente Straßenzug – kurz: Kö – ist etwas über 800 m lang und von Kastanien gesäumt. Die Anlage mit eingeschobenem Wassergraben geht auf die Entwürfe des Hofbaumeisters Kaspar Anton Huschberger und des Gartenarchitekten Maximilian Friedrich Weyhe vom Anfang des 19. Jh.s zurück. Der westliche Bereich wurde bis 1905 als Canalstraße bezeichnet; der östliche, ursprünglich Kastanienallee genannt, erhielt bereits 1851 den Namen Königsallee – zu Ehren des preußischen Königs Wilhelm IV. Ab Ende des 19. Jh.s wurde der Straßenzug immer nobler ausgearbeitet: u. a. mit dem von Joseph Maria Olbrich entworfenen Warenhaus

Blick vom Kö-Bogen auf die Königsallee

Tietz (S. 69), heute Kaufhof, dem von Hermann von Endt konzipierten Girardet-Haus (S. 70), heute WZ-Center, und dem weiter südlich gelegenen Königlichen Gymnasium, heute Görres-Gymnasium (S. 71). Mit dem Wirtschaftsaufschwung in der zweiten Hälfte des 20. Jh.s gewann die Kö an Internationalität und der Durchgangsverkehr wurde auf die parallel gebaute Berliner Allee verlagert. Es entstanden verschiedene Passagen-Bauten wie das Kö-Center, die Kö-Galerie (S. 71) und die Galerie Sevens (S. 70) an der Ostseite der Kö.

Die ehem. **Darmstädter und Nationalbank** von 1924 bildet den nördlichen Abschluss der östlichen Bebauung an der Kö. Die kubische, schlichte Gestalt geht auf einen Entwurf der Architekten Carl Moritz und Albert Betten zurück. Die siebengeschossige und siebenachsige Rasterfassade öffnet sich im zweigeschossigen Sockelbereich zwischen breiten Pfeilern zum

Außenraum. Darüber folgen vier gleichmäßig durchfensterte Geschosse und ein oberstes Geschoss mit einer zentralen Reihe aus neun kleineren Fenstern. Die Fassade wird durch Lisenen, Geschossgesimse sowie einen abschließenden Zickzack-Kranz und an den oberen Ecken durch männliche Figuren belebt. Das Innere des Gebäudes wurde mehrfach verändert.

Ehem. **Warenhaus Tietz** (1 D6; heute **Kaufhof**): Der monumentalen Fassade des 1907–09 erbauten Kaufhauses liegt ein Aufriss-Entwurf von Joseph Maria Olbrich zugrunde. In Muschelkalk ausgeführt, wird sie durch Dreiereinheiten aus vertikalen Fensterbahnen, diese trennende, schmale Mauerstreifen und flankierende, kräftige Stützen geprägt. An den Schmalseiten werden die fünf mittleren, risalitartig ausgebildeten Achsen durch überkuppelte Gauben abgeschlossen; die Längsseiten sind durch Eckrisalite mit geschweiften Giebeln gekennzeichnet. Die skulpturale Ausschmückung durch den Düsseldorfer Bildhauer Johannes Knubel konnte abgesehen von den drei ursprünglichen Portalen weitestgehend erhalten werden. Nicht nur die Fassadengestaltung, sondern auch der auf einem regelmäßigen Stützensystem beruhende und ehemals durch drei Lichthöfe geprägte Grundriss ist in Anlehnung an Otto Wagners Wiener Jugendstil am Übergang vom dekorativen zum sachlichen Modernismus zu verorten. Das originale Innere ist aufgrund von Zerstörungen im Zweiten Weltkrieg und späteren Umgestaltungen allerdings nicht erhalten.

Die neobarocke **Tritonengruppe** im Wasser am nördlichen Kopf der Kö bildet als Point de Vue den gestalterischen Abschluss der Kanalachse. Sie wurde 1897–1902 von dem Kunstakademie-Schüler Friedrich Coubillier aus Kalkstein geschaffen. Unterhalb der halbkreisförmig vorspringenden Brückenplattform beherrscht vor einer künstlich geschaffenen Felsenformation der griechische Meeresgott mit fischartigem Unterleib als Hauptfigur die mittlere Gruppe: Er rammt seine Lanze gegen einen riesigen Fisch, der von der Seite her zudem von Putten angegriffen wird. Dramatisiert wird die Szene durch den Wasserschwall, der aus dem aufgerissenen Maul des Fisches hervorstößt. Zwei kleinere Gruppen mit an die obere Balustrade grenzenden wasserspeienden Gargoyle-Reliefs und darunter als obere Auffangbecken dienende Muschelschalen rahmen den Graben seitlich ein.

Das **Trinkaus-Center** (I D6) wurde 1972–75 vom Büro Hentrich, Petschnigg & Partner (HPP) als Bankgebäude mit im EG liegenden Geschäftszentrum konzipiert. Der Bau nimmt fast die Hälfte des Blocks ein und rahmt mit seinem U-förmigen Grundriss einen Innenhof. Über der zurückversetzten Schaufensterzone im EG erstrecken sich vier blockartig zusammengefasste Geschosse und ein Staffelgeschoss. Die Gliederung erfolgt über eine enge Reihung von schmalen, hochrechteckigen Fenstern mit filigranen Aluminiumrahmen. Die Wandflächen dazwischen und die die Geschosse trennenden, horizontalen Bänder wurden mit braunem Granit verkleidet.

Das **Girardet-Haus** (I D6, heute **WZ-Center**) wurde Anfang des 20. Jh.s von Hermann von Endt konzipiert, später jedoch erweitert und verändert. Die Gliederung der Fassade erfolgt durch Kolossalpilaster, die heute im EG Arkaden ausbilden, sowie schmalere, die Fenster unterteilende Lisenen. Vier Risalite sind zusätzlich mit zweigeschossigen Erkern versehen, die skulptural gestaltete Brüstungen aufweisen. Der zur Kö ausgerichtete Risalit endete ursprünglich in einem geschweiften Zwerchgiebel. Der an der Ecke zur Trinkausstraße liegende Eingang wird pavillonartig markiert.

Die **Galerie Sevens** (I D6) lehnt sich mit ihren etwa 14 500 m² Grundfläche an das Konzept amerikanischer Shopping-Malls an. Die siebengeschossige, mit Naturstein verkleidete Fassade aus dem Jahr 2000 wird durch geschwungen auskragende und zurückspringende Fensterflächen sowie eine später hinzugefügte, über die benachbarten Häuser reichende, gläserne Spitze geprägt. Dahinter erstreckt sich eine lichtdurchflutete Halle mit galerieartig umgrenzten Einkaufsbereichen, die seit 2011 über ein von RKW Architektur + umgestaltetes Rolltreppensystem erschlossen werden können. An der zur Königsallee ausgerichteten Fassade befinden sich seitlich Skulpturen des Düsseldorfer Bildhauers Carl Neuhaus.

Schräg gegenüber der Galerie steht auf dem **Platz der Deutschen Einheit** (I E6) der 1988 enthüllte Dreisegelbrunnen von Heinz Mack. Seine drei Edelstahldreiecke scheinen, auf einen Granitsockel gereiht, in dem Wasserbassin zu treiben. Die dazwischen installierten Fontänen erzeugen ein reiches Spiel an Lichtreflexen.

Die **Kö-Galerie** (I D6), von Walter Brune entworfen und 1986 eröffnet, bildet ein weiteres Beispiel für Passagen-Architektur in Düsseldorf. Sie ist aufgrund ihrer asymmetrisch formierten Flachbogenarkaden, des Kontrastes zwischen heller Fassade und dunklen Fenstern, des turmartigen Glaserkers und der zentralen Halle mit polygonalem Grundriss der postmodernen Architektur zuzurechnen. Die Glaskuppel über der die vier Einkaufsstraßen zusammenführenden Halle zeigt Glasmalereien von Heinz Lilienthal.

Das **Görres-Gymnasium** (I D6) wurde 1947 nach dem Hochschullehrer und kath. Publizisten Joseph Görres (1776–1848) benannt. Die Schule wurde 1545 unter Herzog von Jülich-Kleve-Berg Wilhelm V. gegründet und zählt damit zu den ältesten im deutschsprachigen Raum. Über die Jahrhunderte war sie in verschiedenen Düsseldorfer Bauten untergebracht. Die Architektur des 1905 vollendeten Gebäudes geht auf einen Entwurf von Johannes Radke zurück. Sie folgt einem klassischen Aufbau mit einem Sockelgeschoss aus Quadermauerwerk, Geschossgesimsen und Kolossalpilastern. Sowohl seitlich als auch mittig angeordnete Risalite werden von geschweiften Zwerchgiebeln bekrönt. Das Mansarddach wird durch einzelne rundbogige Dacherker durchbrochen.

Am westlichen Ufer des Kö-Grabens vor dem Görres-Gymnasium befindet sich der 1909 von Gregor von Bochmann geschaffene **Neckereibrunnen**. In einem runden Wasserbassin mit einseitig rahmender Sandsteinbalustrade zeigt er mittig auf einem Sockel einen älteren Knaben, der einem jüngeren Wasser aus einem Krug spendet.

Am Ende des Kö-Grabens liegt das kleine **Kö-Gärtchen** mit Blumenrabatten und einem grünen Gehölzrahmen. Hier findet sich auch die 1897 von Walter Schott entworfene und in verschiedenen anderen Materialien duplizierte Bronzestatue *Kugelspielerin*. In die sich dahinter erstreckende Königsallee leitet seit 1963 der von Philipp Harth als Nachbildung zweier hölzerner Löwen geschaffene bronzene *Bergische Löwe*, das Düsseldorfer Wappentier, ein. Zwischen Kö-Gärtchen und Kö-Graben ragt vor dem ehem. Fernmeldeamt die 1981 von Günther Uecker geschaffene Lichtsäule empor. Mit ihren zylinderförmigen, an Nägel erinnernden Leuchtelementen verbindet sie zwei seiner Hauptthemen. Städtebaulich fungiert sie als vermittelndes Element zwischen GAP-15-Komplex (S. 102) und Telekomgebäude.

Die übrige Stadtmitte östlich der Kö

Das **Haus der Universität** (1 D5/6) wurde 1896/97 nach Plänen der Architekten Heinrich Kayser, Karl von Großheim und Max Wöhler als Gebäude der Niederrheinischen Bank errichtet. 2011–13 erfolgte eine grundlegende Renovierung und Umgestaltung zum Bildungs-, Beratungs- und Tagungszentrum der Heinrich-Heine-Universität. Die mit Bezügen zur französischen Renaissance historistisch gestaltete Sandsteinfassade ist symmetrisch angelegt. Sie gliedert sich in eine rustizierte Sockelzone mit Rundbogenfenstern und zwei über Kolossalpilaster verbundene Obergeschosse mit Rechteckfenstern. Der nur leicht nach vorn tretende, dreiachsige Mittelrisalit ist in der Beletage mit einem Balkon versehen und wird von einem Dreiecksgiebel mit skulptural gestaltetem Tympanon überfangen. Von den Rechteckfenstern sind einige mit Dreiecksgiebeln, plastisch gestalteten Rahmungen und Reliefs versehen. Die Balustraden des Balkons werden am Dach wieder aufgegriffen, von zwei abschließenden Vasen bekrönt.

Die **Schadowarkaden** (1 D–E6), 1990–94 nach Plänen von Walter Brune erbaut, verbinden Schadowstraße, Blumenstraße und Martin-Luther-Platz. Mit ihrer Struktur aus mehreren Passagen, die von einem zentralen, runden Forum ausgehend in unterschiedliche Richtungen führen, folgen sie dem Typus der Stadtgalerie. Die mit rotem Granit verkleideten Fassaden weisen verschiedene Gliederungsstrategien auf und schaffen so vertikale Zäsuren zwischen einzelnen Abschnitten. Hauptelemente bilden knapp vorstehende, mehrere Geschosse zusammenfassende Pfeiler, risalitartig ausgebildete Wandflächen und unterschiedliche Formen von teilweise zu Gruppen zusammengefassten Rechteckfenstern. Den Abschluss bilden zurückspringende Geschosse mit Flach- und Pultdachflächen. Die Eingänge werden durch erkerartig ausgebildete, gläserne Türme markiert. Der größte dieser grünlich schimmernden Türme am Haupteingang wird durch eine beleuchtete Plastik von Julio de Parc zusätzlich hervorgehoben. Eine Tageslichtplastik in der Glaskuppel des Forums stammt von Otto Piene, andere künstlerische Beiträge zur Ausstattung von Brian Clarke und Manfred Mausz.

Peek & Cloppenburg (Berliner Allee 1, 1 E6): Die Gestalt des 1999–2001 errichteten Baus, der östlich an die Schadowarkaden grenzt, geht auf einen Entwurf von Richard Meier zurück. An der Ecke der neuen Fußgängerpromenade an der ehem. Berliner Allee zur Schadowstraße gelegen, wirkt er mit seiner geschwungenen Form wie eine Antwort auf die organisch-skulpturale Architektur des Schauspielhauses gegenüber, am Ende des vom Kö-Bogen II konstituierten »Ingenhoven-Tals« gelegen. Über einer zurückversetzten Schaufensterzone im EG erhebt sich eine gläserne Vorhangfassade, die von geschossbegrenzenden Bändern und filigranen Fensterrahmungen gegliedert und lediglich durch zwei große quadratische Ausschnitte mit zurückspringenden Fensterzonen durchbrochen wird.

Vom einstigen **Pressehaus** (Martin-Luther-Platz 26) ist nurmehr die Fassade erhalten. Der Bau wurde Mitte der 1920er von den Architekten Hans Tietmann und Karl Haake als Büro- und Verlagsgebäude entworfen. Nach der Zerstörung im Zweiten Weltkrieg erfolgten Wiederaufbau und Erweiterungen. Mit Errichtung der Schadowarkaden in den 1990ern wurde das Pressehaus selbst abgerissen; die Fassade jedoch wurde erhalten und in den neuen Gebäudekomplex integriert. Ihre Gliederung erfolgt durch vertikale Werksteinbänder, die den Backsteinflächen vorgelagert sind. Diese profilierten Bänder münden in gestaffelt angeordnete Dreiecksgiebel, die mit abschließenden Natursteinflächen einen abgetreppten Giebel bilden. Über den obersten drei Geschossen werden die Wandflächen unterhalb der dreieckigen Abschlüsse durch eine Art Ziegelmaßwerk durchbrochen, was eine Verbindung zum Wilhelm-Marx-Haus schafft und auf die Tradition norddeutscher Backsteinarchitektur verweist. Östlich bildet ein viergeschossiger Werksteinerker den Übergang zu den Schadowarkaden.

Der Bau der evang. **Johanneskirche** (I E6) resultierte aus dem 1824 erfolgten Zusammenschluss der lutherischen mit der reformierten Gemeinde. Ihre Gestalt geht auf einen Ende der 1870er Jahre entwickelten Entwurf der Berliner Architekten Adolf Heyden und Walter Kyllmann zurück. Nach Zerstörungen im Zweiten Weltkrieg wurde der Backsteinbau mit einigen Veränderungen wiedererrichtet. 1997 und 2008 erfolgten Umbaumaßnahmen, in deren Rahmen man teilweise die Originalstruktur wiederherstellte. Die Eingangsfassade wird durch den fast 90 m hohen Turm dominiert. Im unteren Bereich tritt er durch hervorragende Eckpfeiler in Erscheinung. Diese bilden zugleich die Zäsur zwischen dem mittleren Eingangsbereich mit Portal und Fensterrose und den mit großen Rundbogenfenstern versehenen seitlichen Zonen. Die Portal- und die mittig liegenden Fensterrahmungen, die Zwerggalerien sowie die Gesimse werden durch hellen Tuffstein hervorgehoben. Aufbau, Struktur und Gliederungselemente vereinen verschiedene Stilrichtungen: Grundriss und Grundstruktur der Fassaden schaffen Bezüge zur Gotik; Elemente wie die Rundbogenfenster und Zwerggalerien stehen in der Tradition der rheinischen Romanik und verweisen in der Kombination mit den übrigen Elementen auf den historistischen Rundbogenstil. Im Innern zeigt sich der Bau als einschiffige Emporenkirche. Viertelkreisförmige Verbindungselemente leiten in das Querhaus über und verbinden dieses mit dem Chor. Durch diese Verschleifung von Quer- und Langhaus und die Betonung der Vierung entsteht der Eindruck eines Zentralbaus.

Auf dem **Martin-Luther-Platz** (I E6) gegenüber der Johanneskirche befindet sich das von Karl Janssen in neobarocker Manier 1888 geschaffene Reiterstandbild Kaiser Wilhelms I. Ergänzt wird es durch das in seiner Achse gelegene Bismarck-Denkmal von August Bauer und Johannes Röttger sowie das Relikt des Moltke-Denkmals von Josef Tüshaus und Joseph Hammerschmidt.

Hinter der Johanneskirche befindet sich der 1964 von Friederich Werthmann geschaffene **Kugelbrunnen**. Mit dem aus unzähligen Einzelelementen zusammengesetzten wie durchbrochen wirkenden Edelstahlball wird künstlerisches Schaffen in Anlehnung an Grundsätze des Informel als dynamischer Prozess inszeniert.

Die **Simonbank** (1 D6) wurde vom Architekturbüro Kraemer – Pfennig – Sieverts (KPS) u. a. für die Grundstücksgesellschaft Simon KG entworfen. Der polygonale Grundriss und die Höhe des weitestgehend verglasten Gebäudes orientieren sich an der Verkehrsführung und der Umgebungsbebauung. Dem zurückversetzten EG und 1. OG vorgelagerte Rundpfeiler stützen einen oberen, zweigeschossigen Baukörper. Pfeiler, Wandverkleidungen und Fensterrahmen sind in dunkelbraunem Aluminium gehalten, die Verglasung in den oberen beiden Geschossen ist braun getönt. Den Abschluss bildet ein Staffelgeschoss in einem weit zurückversetzten, weitestgehend geschlossenen Baukörper.

Das Einrichtungshaus **Stilwerk** (1 D6), im Jahr 2000 eröffnet, geht auf einen Entwurf des Düsseldorfer Architekturbüros JSK zurück. Die Hauptfassade wird durch Glasflächen dominiert. Am rechts angeordneten Eingangsbereich springen diese über die gesamte Gebäudehöhe zurück und münden westlich in eine nach vorne weisende, geschwungene Mauerecke. Die Statik beruht auf einer in die Fenster integrierten, filigranen Seilkonstruktion und schmalen Rundpfeilern, die dem Eingangsbereich vorgelagert an einem östlich spitz zulaufenden Flachdach enden. Das Innere wird durch eine den kubischen Bau durchdringende und überragende Ellipsenform geprägt. Um ein mittiges Atrium mit gläsernem Schiebedach sind die einzelnen Geschosse galerieartig angeordnet. Die Erschließung erfolgt über diagonal und gegeneinander versetzt geführte Treppen.

In der Graf-Adolf-Straße 20 (1 D7) befand sich ursprünglich das 1925 von Wilhelm Kreis umgestaltete **Residenztheater**.

Teilweise erhalten blieb der ehem. Kinosaal über oktogonalem Grundriss. Er ist seit dem Jahr 2000 Teil eines Nachtclubs.

Das **Industriehaus** (IV F5) wurde in den 1920ern nach Plänen von Hans Tietmann und Karl Haake errichtet. Es setzt sich aus einem siebengeschossigen Hauptgebäude mit rechtwinkligem Grundriss und einem nördlich schräg daran angeschlossenen Nebenbau zusammen. Das niedrigere Seitengebäude erhebt sich über einem winkelförmigen Grundriss und bildet Richtung Osten einen Innenhof aus. Die Fassade des Hauptbaus wird durch eine tuffsteinverkleidete Sockelzone und einen oberen, fünfgeschossigen verputzten Bereich bestimmt. Nach großen Glasflächen im EG und einem kassettiert strukturierten Fensterbereich werden die Wandflächen der oberen Geschosse durch rasterförmig gereihte, hochrechteckige Fenster durchbrochen. Die Sockelzone zeigt eine Reihe aus sich nach oben weitenden Pfeilern mit ornamentalem und figürlichem Schmuck. Ein weit vorkragendes, profiliertes Tuffsteingesims leitet zu dem von schmalen Geschossgesimsen unterteilten oberen Bereich. Den Abschluss bildet eine Attikazone mit einem Zinnenkranz aus verbundenen, auf Konsolsteinen ruhenden Kreissegmentbögen. Die Fassade des Nebenbaus folgt einer ähnlichen Gliederung, ist aber schlichter gestaltet.

Direkt neben der Elisabeth-Kirche in der **Gerresheimer Straße** (IV F5) erstreckt sich seit 2007 das aus mehreren Gesichtern und bunten Farbtupfern bestehende, über vier Geschosse reichende Wandbild *Ausblicke* des international tätigen Street-Art-Künstlers Klaus Klinger, der in Düsseldorf u. a. auch das Düsseldorfer »40-Grad Urban Art Festival« ins Leben gerufen hat. Weitere Werke Klingers sind schräg gegenüber in der **Ackerstraße** (IV H5–F6) zu finden: Die Nr. 41 trägt die auch von den Bahngleisen sichtbare *Bad Bank*, ein 2009 von Klinger gestaltetes Spielbank-Häuschen aus Legosteinen, dessen Angestellte den Kunden ausrauben. Weiter östlich, in der Ackerstraße 59, befindet sich das 2005 geschaffene *Tor zu Flingern.* Und weiter im Süden, am Hellweg, sind die berühmten Wandbilder *Auge* und *Ohr* von 1979/80 zu finden.

(Zum Hauptbahnhof s. S. 129.)

Der Süden

Das Rheinufer zwischen Altem Hafen und Rheinkniebrücke

(Zum Alten Hafen, zum Rheinufer nördlich davon und zur Konzeption der Rheinuferpromenade s. S. 46 ff.)

Das **Mannesmannufer** (I C6) wird von den ehem. Verwaltungsbauten des Mannesmann-Konzerns dominiert, die im Jahr 2000 teilweise von Vodafone bezogen wurden. Der Komplex besteht aus dem von Peter Behrens entworfenen Mannesmann-Haus und dem gegenüber diesem leicht zurückversetzten Mannesmann-Hochhaus von Paul Schneider-Esleben und Egon Eiermann: ◆

Das **Mannesmann-Haus** (I C6) von 1911–12 konzipierte Peter Behrens nach dem Vorbild italienischer Renaissancepaläste als fünfgeschossige Vierflügelanlage mit zwei Lichthöfen. Ende der 1930er erfolgte eine Erweiterung um den sog. Väthbau an der Berger Allee. Heute hat das Haus der Geschichte Nordrhein-Westfalen hier seinen Sitz. Die Gliederung des Baus beruht auf seiner Konstruktion in Eisenskelettbauweise. Die stark durchfensterte Fassade wird von dem rhythmischen Wechsel der übereinanderliegenden Reihen hochrechteckiger, unterschiedlich breiter Fenster bestimmt. Das Sockelgeschoss ist mit bossiertem Muschelkalk, die Obergeschosse mit Tuffstein und die Innenhöfe mit Klinker verkleidet. Das mittig platzierte Eingangsportal erstreckt sich in einem zurückversetzten rechteckigen Feld über das Sockelgeschoss und das 1. OG. Es wird von zwei kannelierten Säulen flankiert sowie von einem Hephaistos-Relief über- und einer profilierten Rahmung umfangen. Die schmalen Rechteckfenster des 2. und 3. OG werden durch geschossübergreifende Pilaster und Geschossgesimse zusammengefasst. Das darüberliegende Halbgeschoss wird von Dreiergruppen aus kleineren Fenstern bestimmt. Den Abschluss bildet ein schiefergedecktes Walmdach. Die regelmäßige Unterteilung durch Stützen entsprechend einem Grundmaß ermöglicht eine flexible Gestaltung der Innenräume. Der Bau wird über ein Haupt- und zwei Nebentreppenhäuser sowie Verbindungsflure entlang der Lichthöfe erschlossen. Durch Bezüge zur Neorenaissance und zum Neoklassizismus gekennzeichnet, gehört der Bau stilistisch zur Reformarchitektur. Gleichzeitig deuten sich hier aber auch schon Prinzipien des Neuen Bauens an.

Das **Mannesmann-Hochhaus** (I C6) wurde 1954–58 nach den Plänen von Paul Schneider-Esleben und Egon Eiermann erbaut und fungiert als städtebaulicher Hochpunkt. Seine Silhouette zeigt eine elegante Proportionierung. Die 22 Geschosse erheben sich über einem rechteckigen Grundriss. Die zum Rhein ausgerichtete Stirnseite zeigt acht, die Breitseiten haben 20 Achsen. Die Fassadenhaut besteht aus Aluminiumrahmen mit blau emaillierten Stahlblechpaneelen und fester Verglasung. Durch die Integration von Stahlrohrstützen wollte man auf das technische Potential der als Bauherr fungierenden Stahlfirma verweisen. In den ersten beiden Geschossen liegt die Wandfläche zurückversetzt hinter einer umlaufenden Rundpfeilerreihe. Hinter ihr erstreckt sich die Eingangshalle über zwei Geschosse. Das zweite Geschoss ist über einen Brückentrakt mit dem Behrensbau verbunden. Im hinteren Teil sind zwei massive, alle Geschosse durchlaufende Stahlbetonkerne mit Treppen, Aufzügen sowie Installations- und Versorgungseinheiten untergebracht. Die Büroräume der oberen Geschosse sind U-förmig um diese Kerne angeordnet. Wie das Dreischeibenhaus (S. 61) gehörte der Bau zu den ersten modernen Hochhäusern Deutschlands, die auch ästhetisch Maßstäbe setzten.

Mannesmannufer mit Mannesmann-Hochhaus, links davon Mannesmann-Haus, rechts davon Landeshaus und Auffahrt zur Rheinkniebrücke

Die 1960 vor dem Hochhaus platzierte Skulptur *Große Mannesmann* stammt von Norbert Kricke. Der aus dynamisch zusammengefügten Stahlstäben bestehende Raumknoten überträgt die informelle Malerei in die Dreidimensionalität.

Das **Landeshaus Düsseldorf** (I C7) bildet zusammen mit der benachbarten Villa Horion den Abschluss der Rheinufergestaltung vor der Rheinkniebrücke. Beide Bauten wurden 1909–11 nach Plänen von Hermann vom Endt errichtet. Das Landeshaus ist aktuell der Amtssitz des nordrhein-westfälischen Ministerpräsidenten. Es wurde als Vierflügelanlage konzipiert und später zur Berger Allee erweitert. Ursprünglich besaß der Bau ein Sockelgeschoss, drei Hauptgeschosse und ein abschließendes Mansardgeschoss. In der Nachkriegszeit wurde dieses durch ein weiteres Obergeschoss mit Walmdach ersetzt. Die Gliederung der zum Rhein ausgerichteten Hauptfassade erfolgt über Mittel- und Seitenrisalite mit Pilastern und gequaderten Lisenen. Die zu den Büroräumen leitenden Flure sind um die Lichthöfe angeordnet. Diese werden von einem Treppenhausflügel getrennt.

Die **Villa Horion** ist mit dem zeitgleich entstandenen Landeshaus verbunden und folgt ähnlichen neoklassizistischen Gestaltungsprinzipien. Als zusätzliches Gestaltungselement des zweigeschossigen Gebäudes fungieren säulengetragene Balkonanlagen. Seit 2016 dient es als Haus der Parlamentsgeschichte des nordrhein-westfälischen Landtages.

Das **Apollo-Varieté-Theater** unter der Rheinkniebrücke (I C7) wurde 1996–97 nach Plänen von Niklaus Fritzschi, Benedikt Stahl und Günter Baum – den Architekten der Rheinuferpromenade (S. 47) – errichtet. Das Gebäude dient als vermittelndes Element zwischen der hier auslaufenden Promenade und der Grünanlage vor dem Landtag (S. 83). Die äußere Hülle bildet ein bis auf 40 cm unter die Brücke reichender Glasquader, der genauso breit ist wie die Brücke. Der eigentliche Theaterraum ist schräg in den Quader eingeschoben. Seine roten Außenwände werden von rundbogigen Öffnungen durchbrochen. Die Übergangszone zwischen Theaterraum und Glashülle dient als Foyer. Ein großes Fenster in der Hinterbühne ermöglicht die Einbeziehung des Rheinpanoramas in das Bühnenbild. Ausstattungsdetails schaffen Bezüge zur Zirkuswelt.

Zum Stadttor, das sich oberhalb der Einfahrt zum Rheinufertunnel erhebt (II B8), s. S. 107.

Rund um den Hafen

Der nordrhein-westfälische **Landtag** (I B–C7) wurde 1981–88 nach Plänen von Fritz Eller, Erich Moser und Robert Walter errichtet. Die Grundstruktur beruht auf der Zusammenfügung mehrerer Kreise und Kreissegmente. Das zum Rheinufer gerückte Zentrum bildet ein runder Plenarsaal. Er wird von einer Konstruktion aus konzentrisch angeordneten Stahlträgern überfangen. Um das Saalgebäude gruppieren sich mehrere zylinderförmige Anbauten und ein niedriger Baukörper in der Form eines zur Stadtseite geöffneten 2/3-Rings. Den aus zwei versetzt angeordneten Viertelringsegmenten bestehenden Rahmen bilden zwei hohe Flügelbauten mit einem weiteren, nördlich ansetzenden Baukörper in Form eines halben Rings. Der Zugang erfolgt über eine zwischen den äußeren Flügelbauten gelegene Schneise und den dahinterliegenden runden Platz. Die Flügel sind nach hinten terrassenartig abgetreppt. Ihre Fassade wird durch umlaufende Fensterbänder und kupferne Wandflächen rasterförmig gegliedert. Die Stützelemente und die Stirnseiten sind mit gelbem Sandstein verkleidet. Über die Grundfigur des Kreises und die Anordnung der einzelnen Baukörper wurde ein städtebaulicher Bezug zur Umgebungsarchitektur geschaffen. Unmittelbar vor dem Landtag liegt seit 1990 eine in Analogie zu der runden Form des Landtags-Vorhofs gestaltete, im Durchmesser 15 m messende, gusseiserne Scheibe des israelischen Künstlers Dani Karavan. Dieses Werk mit dem Titel *Tzaphon* war ursprünglich als Brunnen geplant. Es nimmt die Schräge des Terrains auf und leitet den Besucher durch die mittig verlaufende Schiene zum Eingang des Gebäudes. Mit seiner Materialität verweist es auf die historischen Potentiale des als Standort der Schwerindustrie bekannten Ortes. Den nördlichen, zum Rhein geöffneten Innenhof schmückt seit 2013 die durch leicht gewölbte Spiegeloberflächen gekennzeichnete Stelenkomposition *Im Aufbruch* von Stefanie Schenk-Busse und Björn Busse. Innerhalb des Landtags finden sich Werke verschiedener Künstler wie Winfred Gaul, Gotthard Graubner, Ferdinand Kriwet, Ewald Mataré, Otto Piene, Klaus Rinke, Bernhard Schultze, Hann Trier oder Günther Uecker, die im Rahmen von Führungen betrachtet werden können.

Der über 240 m hohe **Rheinturm** (I B7) wurde 1982 nach Plänen von Harald Deilmann fertiggestellt. Der Turmfuß zeigt die Form eines Kegelstumpfs. Über diesem erhebt sich der sich nach oben verjüngende elegante Turmschaft. Aus ihm scheint kelchartig der Unterbau des verglasten Turmkorbs zu wachsen. Die Erschließung erfolgt über ein im Turmfuß gelegenes Basisgeschoss mit Aufzügen und Sicherheitstreppen. Im Turm-

Blick vom Fernsehturm auf den Rheinturm

korb befinden sich ein rotierender Restaurantbereich sowie eine geschlossene und eine offene Plattform. Das Dach des Turmkorbs trägt drei sich im Durchmesser nach oben reduzierende Antennenplattformen und eine Turmspitze (2004 erneuert). Die Funktion des Rheinturms als Wahrzeichen der Stadt wird durch eine Lichtinstallation des Künstlers Horst H. Baumann an der Nordseite zusätzlich betont. Über die Addition von leuchtenden Bullaugen lässt sich in den durch rote Flugsicherungsleuchten getrennten Bereichen die Uhrzeit in Stunden, Minuten und Sekunden ablesen.

Seit 1988 liegt hinter dem Rheinturm im Rheinpark Bilk die von Thomas Schönauer und Berend F. van Laar konzipierte **Energiepyramide**. Das Gebilde besteht aus vier ineinandergefügten horizontalen Edelstahlringen mit jeweils daraus aufsteigenden, als Zeiger fungierenden, beweglichen Dreiecksschenkeln – an der Position der Dreiecke lässt sich der aktuelle Düsseldorfer Energieverbrauch ablesen (das Objekt ist mit der Leitwarte der Stadtwerke verbunden).

Das **WDR-Studio Düsseldorf** (1 B7) geht auf Pläne des Architekturbüros Christoph Parade und Partner zurück. Der 1991 fertiggestellte Bau wird von einer markanten geböschten Sockelzone mit darüberliegender vorgehängter Glasfassade bestimmt. Die Gebäudekontur erweckt Assoziationen zum Schiffsbau. Der gläserne Eingangsbaukörper an der schräg angeschnittenen nördlichen Stirnseite soll an die Gestalt eines Volksempfängers erinnern. Die sich über alle Geschosse erstreckende Eingangshalle wird von einem gläsernen Tonnengewölbe überfangen. Im Sockelgeschoss des Gebäudes liegen die Studios. Die hinter der umlaufenden Glasfassade befindlichen Redaktionsräume grenzen innen an eine zentrale Dachgartenanlage. Die Materialien Marmor, Glas, Stahl und grüne Bepflanzung reflektieren einerseits die Rheinpark-Umgebung und spiegeln andererseits den Gebrauchszweck des Gebäudes als Funkhaus.

◆ Der **Neue Zollhof** (I B7) hinter dem WDR-Studio ist das Aushängeschild des Medienhafens. Das Ensemble wurde ab 1996 nach Plänen des Architekten Frank O. Gehry am Standort des Alten Zollhofs errichtet: drei freistehende bis zu 14-geschossige Hochhauskomplexe rund um einen zur Hammer Straße ausgerichteten Platz, von dessen Mittelpunkt sich ein Strahlenkranz radial ausbreitet. Die sich in Material und Farbigkeit unterscheidenden Bauten aus Stahlbetonfertigteilen werden über ihre skulpturale Form aus unterschiedlich hohen Baukörpern verbunden. Die dekonstruktivistische Form wird der gewünschten Funktion als Signature Building gerecht. Die Fenster kragen aus den konvex und konkav geschwungenen, an vielen Stellen geneigten Fassadenflächen aus. Durch ihre aufeinander bezogene rasterartige Anordnung bilden sie einen Kontrast zur organisch-skulptural gestalteten Oberfläche der Wände. Haus A ist mit Klinkern, Haus B mit polierten Edelstahlblechen verkleidet, Haus C mit Kalksandstein ausgefacht und weiß verputzt. Die Materialien orientieren sich an der Ursprungsbebauung und nehmen auf die umgebende Landschaft Bezug.

Das **Grand Bateau** (II B7) wurde ab 1999 nach einem Entwurf des Pariser Architekten Claude Vasconi errichtet und mehrfach erweitert. Der weitläufige, dreiteilige Komplex bezieht sich im Grundriss auf die Straßenführung und das gegenüberliegende Kai-Center. Wie dieses scheint auch das Grand Bateau vom Schiffsbau inspiriert. Die weitgehend verglaste Fassade des westlichen Baukörpers läuft im Norden bugförmig zusammen. Die gestaffelt aufgebauten und nach oben weiter auskragenden Geschosse werden von geneigten Rundpfeilern getragen. Die zur Hammer Straße ausgerichtete, geschlossenere Fassade des zweiten Baukörpers fällt von der siebengeschossigen, nördlichen Spitze Richtung Süden kontinuierlich bis auf ein Geschoss ab. Mit der Form eines dreieckigen Keils schafft sie eine gegenläufige Dynamik zu der abgerundeten, geneigten Fassade des westlichen Baukörpers. Ein mittig platzierter, gläserner Verbindungstrakt ermöglicht den Übergang zwischen den beiden Gebäudeteilen. Den südöstlichen Abschluss bildet ein fünfgeschossiger Baukörper mit zentralem Innenhof.

Das **Kai-Center** (II B7) wurde 1996 nach Plänen von Wolfgang Döring, Michael Dahmen und Elmar Joeressen errichtet. Die an der Ecke von nördlicher Stirn- und Rheinseite spitz zusammenlaufenden Glasfronten des Bürobaus neigen sich leicht nach vorn und werden oben durch ein Staffelgeschoss abgeschlossen. Ähnlich wie beim WDR-Studio ergeben sich Assoziationen zum Schiffsbau. Die Ostfassade erstreckt sich senkrecht nach oben, folgt im Grundriss aber der Kurvatur der Straße. Eine hinter der geschwungenen Außenhülle zurückweichende Fensterfassade schafft Bezüge zur Architektur von Kreuzfahrtschiffen. Von der Straße führt ein Steg über ein Wasserbecken zu der viergeschossigen, nach oben geöffneten Eingangshalle.

Die **Kaistraße Studios** (II B7) neben dem Kai-Center wurden von den Architekturbüros David Chipperfield und Steven Holl in Kooperation mit dem Düsseldorfer Büro Ingenhoven Overdiek und Partner (IOP) entwickelt. Der 1997 fertiggestellte Büro- und Ateliergebäudekomplex setzt sich aus dem Um- und Erweiterungsbau eines ehem. Speichergebäudes und zwei flankierenden Neubauten zusammen. Den nördlichen Abschluss bildet ein 13-geschossiger Turmbau mit einer die Horizontale betonenden Fenstergliederung. Durch die vorkragenden drei Obergeschosse weckt dieses Gebäude Holls Assoziationen zu älteren Lastenkränen. An der geschlosseneren Ostfassade fördert ein in der unteren Hälfte vorkragender Block seinen skulpturalen Charakter. Der von IOP konzipierte Umbau des angrenzenden Speichergebäudes sah eine Orientierung an der Rahmenkonstruktion des Bestandsbaus vor.

Man hat die Ziegelausfachungen durch raumhohe Glaszonen ersetzt und aus der Wand vorkragende Elemente entfernt. Den oberen Abschluss bilden zwei neue Staffelgeschosse in Aluminium-Glas-Konstruktion mit umlaufender Dachterrasse. Der südliche, neungeschossige Bau Chipperfields orientiert sich in zurückhaltender, aber eleganter Weise an den Gestaltprinzipien des hier zuvor befindlichen Hafensilos. Die Rheinfassade wird durch große, texturierte Sichtbetonflächen bestimmt. Den Übergang zum ehem. Speichergebäude bildet eine Fensterzone mit breiten dunklen Stahlrahmen. Richtung Süden wird der Bau über dreigeteilte Fensterbänder und diese trennende Sichtbetonzonen gegliedert. Die oberen beiden Geschosse öffnen sich mit einer loggiaartig zurückversetzten, durchgehenden Fensterzone zu einem Loft, das einst Jörg Immendorff als Atelier diente. Mit der zurückhaltenden, aber ästhetisch überzeugenden Architektur bildet der Komplex ein

Medienhafen mit Kaistraße Studios

hervorzuhebendes Beispiel innerhalb der meist auf Bildhaftigkeit zielenden Düsseldorfer Medienhafen-Architektur.

Der **Ueckerplatz**, auch **Platz der Medien** genannt, ist ein möbliertes Areal südlich der Kaistraße Studios. Er wurde ab 1995 im Auftrag der Stadt von dem Künstler Günther Uecker als multifunktionaler Bereich mit Freilichtkino konzipiert. Die Gestaltung erfolgte in Anlehnung an den Rhein mit Beton, Steinquadern und Bruchkies.

In westlicher Verlängerung des Ueckerplatzes erstreckt sich seit 2006 die Fußgängerbrücke **The Living Bridge**. Sie verbindet den Medienhafen mit dem neueren Hafenbezirk an der Speditionstraße. Zwischen Ueckerplatz und Brücke befindet sich eine dem hanseatischen Schauspieler Hans Albers gewidmete, ehemals in Hamburg aufgestellte Skulptur von Jörg Immendorff.

Das **Medienzentrum** (II A8) wurde 1993–95 nach Plänen des Düsseldorfer Architekturbüros Beucker Maschlanka und Partner errichtet. Ein Hauptelement des langgestreckten Baus zwischen Kaistraße und Zollhof bildet eine in die quaderförmige Grundstruktur teilweise geschwungen eingefügte, atriumartige Glashalle. Sie ragt im Norden als gläserne Eingangsfront aus dem Bau heraus und wird dort von einem weiß verputzten Rundturm flankiert. Die Gliederung der Westfassade erfolgt über durchgehende Fensterzonen mit umlaufenden Balkonen in Stahlkonstruktion. Im Osten zeigt sich der Bau mit zwischen den Fenstern liegenden Betonflächen geschlossener. Die Erschließung von Büros, Studios, Galerien und Gastronomie erfolgt über die zentrale Halle.

Neues Wintergartenhaus (I A–B8): Die Hauptidee des 2002 nach Plänen der Architekten Petzinka, Pink und Partner fertiggestellten Gebäudes beruht auf seiner zweischaligen Konstruktion mit einem in die gläserne Außenhülle eingeschobenen Kernbau. Dieser mittig im quaderförmigen Außenbau platzierte Innenbau folgt im Grundriss der Form eines unten abgeschnittenem Vs. So wird er seitlich von zwei gläsernen Hallen mit dem Grundriss eines rechtwinkligen Dreiecks flankiert und bildet einen zentralen Innenhof aus. Seine teilweise in Holz umgesetzte Konstruktion folgt einer weiterentwickelten Fachwerktechnik und ermöglicht eine flexible Innenraumgestaltung.

Der aufgesockelte **Glaskubus** hinter einer Reihe ehem. Speicher- und Lagerhäuser wurde im Jahr 2000 nach Entwürfen des Büros Hentrich, Petschnigg & Partner (HPP) errichtet. Der Backsteinsockel soll ähnlich wie die unteren beiden mit Backstein verkleideten Geschosse des **Atrium-Hauses** gegenüber (Kaistraße 5, II A8) einen Bezug zur traditionellen Hafenarchitektur schaffen. Der obere Fassadenbereich dieses ebenfalls von HPP entworfenen Baus wird von einer Stahl-Glas-Konstruktion bestimmt. Den Abschluss bildet eine umlaufende, von Stahlstützen getragene, leicht vorkragende Glasüberdachung.

Der Baukomplex in der **Kaistraße 4–6** (II A8) wurde Ende des 20. Jh.s von dem Düsseldorfer Büro Rhode Kellermann Wawrowsky (RKW) für das Hafenufer konzipiert. Der nördliche Bau wird durch eine Aluminium-Glas-Fassade mit wellenförmig auskragendem Flachdach bestimmt. Den südlichen Abschluss (Kaistraße 4) bildet das in den 1930ern erbaute, einstige **Lagerhaus des Fischhändlers Carl Maassen**. Der denkmalgeschützten Fassade wurde mit Bezug auf die Wellenform des benachbarten Neubaus ein modernes Tonnendach aufgesetzt.

Die **DFA Produktionsgesellschaft** (II A8) hat ihren Sitz in einem ehem. Lagerhaus aus dem Jahr 1899. Dessen Fassade bezieht ihre Wirkung aus dem Kontrast von Backsteinflächen und weiß verputzten Zonen. Diese füllen Blendfenster sowie große flachbogige Fenster. Im Süden ist der dreigeschossigen

Fassade mit Mezzaningeschoss eine Freitreppenanlage vorgelagert. Ein gestaffelter Mittelrisalit mit verkröpftem Gesims und gebälkartig gestalteter Abschlusszone betont den hier gelegenen Eingang.

Das **UCI-Kino** (II A8) aus dem Jahr 1996 wurde von Till Sattler entworfen. Seine nach Süden abgerundete Fassade passt sich dem Straßenverlauf an und markiert, an ein Schiffsheck erinnernd, den Abschluss der auf Formen des Schiffbaus verweisenden nördlichen Architektur des Medienhafens. Der Außenbau wird hier von einer Glashülle mit einem Raster aus querrechteckigen Einheiten bestimmt. In einem unregelmäßigen Muster werden die Glasflächen durch helle Metallflächen ersetzt. Die Westfassade zeigt eine geschlossene Wandfläche mit einer Reihe aus Rundpfeilern im EG.

Das Bürohochhaus **Float** (II A8), 2018 fertiggestellt, beruht auf einem Entwurf von Renzo Piano und bildet mit seiner quergelagerten Ausstreckung den Abschluss des Medienhafens an Kai- und Hammer Straße. Es setzt sich aus einer Folge von sechs südlich verbundenen Einzelbauten zusammen, die sich über unterschiedlich geformten Grundrissen in der Gestalt asymmetrischer Vier- bzw. Fünfecke erheben. Mit ihrer weitgehend verglasten Fassade schaffen sie eine Beziehung zum gegenüberliegenden Hochpunkt an der Hafenstraße 2.

Das Bürohochhaus **DOCK** (II A8), östlich neben dem Port Event Center, wurde 2002 nach Plänen von Jo Coenen errichtet. Der 16-stöckige Bau setzt sich aus einem auf mehreren Rundpfeilern ruhenden, gläsernen Unterbau, einem östlich scheibenartig vorgesetzten Glasquader und einem alle Geschosse durchdringenden Betonkern zusammen. Richtung Süden kragt der obere Bereich dieses Kerns vor. Richtung Norden breitet er sich mäanderförmig aus und bildet so zwei loggiaartige Zonen. Im Westen wird dieser Bereich von einer Rundpfeilerreihe zusätzlich betont. In seiner Silhouette und mit der rasterförmigen Gestaltung der Fenster an den oberen Betonflächen erinnert der Bau an alte Speditionsgebäude.

Das **Port Event Center** (II A8) am Kopf des östlichen Hafenbeckens wurde 2002 nach Plänen von Norbert Wansleben errichtet. Der Komplex besteht aus dem denkmalgeschützten Backstein-Fachwerkbau der ehem. Energiezentrale und einem über diesen auskragenden sog. Wolkenbügel mit gläsernem Kopfende Richtung Hafenbecken. Dieser Bügel erstreckt sich in seiner Länge südlich bis zur Franziusstraße und setzt sich aus einem kranähnlichen Stahlgerüst und einem dreigeschossigen Innenbaukörper zusammen. Die Erschließung erfolgt über einen flankierenden Turmbau und einen südlich gelegenen, gestaffelt konzipierten Unterbau.

Das Bürogebäude **Maki Solitaire** (II A8) direkt nebenan wurde von dem Japaner Fumihiko Maki entworfen und 2001 errichtet. Der achtgeschossige Bau erhebt sich über einem quadratischen Grundriss. Die Gliederung der Fassade erfolgt über große hochrechteckige Fensterzonen und kleinere quadratische sowie schmale vertikale Fenster. Die geschlossenen Wandflächen werden durch die spiegelnde Oberfläche von poliertem Stahl bestimmt. Einzelnen Bereichen des Baus ist vertikal oder horizontal eine nach außen abschließende semitransparente Hülle vorgelagert.

Das **Sign!** (II A8) westlich des Port Event Centers wurde von Helmut Jahn entworfen und 2010 vollendet. Das Glashochhaus erhebt sich über der Grundrissform eines an den Schmalseiten abgerundeten Rechtecks. Den Abschluss bildet ein teilweise verglastes Tonnendach. Die konvex gewölbten Stirnseiten des Baus gehen unter dem Dach in rundbogige Kappen über. Die umlaufende Glasfassade besteht aus sich schuppenartig überlagernden, raumhohen Glaselementen. An der westlichen Langseite ist dem Bau über ein schmales Verbindungselement ein quaderförmiger verglaster Baukörper scheibenartig vorgelagert.

Der Bau der **Alten Mälzerei** (II A8) aus dem Jahr 1897 wurde 2002 nach Plänen des Architekten Bob Gansfort saniert und umgestaltet. Die Gliederung der Backsteinfassade mit rundbogigen Fenstern, Lisenen und abschließendem Fries erinnert noch an die einstige Raumaufteilung. Der Innenraum wird nun jedoch von einer schräg in das Gebäude eingeschobenen, sich über dem Grundriss einer angeschnittenen Ellipse erhebenden Glashalle bestimmt.

Das **Courtyard by Marriott** (II A7) wurde von dem Londoner Architekten William Alsop entworfen. Das 2001 vollendete quaderförmige Hochhaus wurde mit einer Verkleidung aus Rechtecken in verschiedenen Farben und einem zum Hafenbecken weit vorkragenden Flachdach versehen. Städtebaulich fungiert es als drittes Verbindungsglied eines über das Hafenbecken reichenden Hochpunktdreiecks zwischen dem Holl-Bau der Kaistraße Studios und Coenens Bürohochhaus DOCK.

Pier One (II A7): Der Büro- und Gastronomiekomplex wurde als Verbindungsglied zwischen den Halbinseln in dem Hafenbecken vor der Kesselstraße-Landzunge geplant. Grundlage des ab 2024 unter Leitung von Christoph Ingenhoven umgesetzten Projekts ist eine Pfahlbaukonstruktion. Die Grundform des auf der Plattform stehenden Gebäudes beruht auf zwei versetzt nebeneinander platzierten Glasquadern mit flach abschließenden Satteldächern. Als Verbindung soll eine dazwischen eingeschobene atriumartige Glashalle dienen. Der fünfgeschossige Bau ist unter dem Dach mit einem Staffelgeschoss und loggiaartig angelegten Außenbereichen geplant. Seine filigranen Elemente und die Leichtigkeit der Architektur schaffen Bezüge zu typischen Pierbauten. Vier an das Pier One angegliederte Brücken sollen eine direkte Verbindung zwischen Spedition-, Kessel- und Weizenmühlenstraße ermöglichen, womit der Komplex für die Fußgänger im Medienhafen gewissermaßen als Drehscheibe fungiert.

The Cradle (II A8): Der Anfang der 2020er errichtete Bau wurde von Hentrich, Petschnigg & Partner (HPP) entworfen. Die Grundidee des quaderförmigen, sechsstöckigen Gebäudes mit Staffelgeschoss beruht auf seiner doppelschaligen Konstruktion. Die äußere Hülle schließt die umlaufenden Balkone ab und wird von einem Raster aus Dreiecken durchbrochen. Die Besonderheit des Baus besteht in der Cradle-to-Cradle-Bauweise, die komplette Trenn- und Wiederverwertbarkeit ermöglicht.

Trivago Headquarter und **Myhive Offices Alto** (II A8): Die vom Büro slapa oberholz pszczulny (sop) entworfenen Bauten folgen einem bohnenförmig gekrümmten asymmetrischen Grundriss. Das niedrigere, aber eine größere Grundfläche einnehmende Trivago Headquarter wurde 2018 fertiggestellt, das westlich benachbarte Hochhaus Myhive Offices Alto 2021. Die Fassade des Headquarters ist horizontal mit umlaufenden Bändern aus teilweise schräggestellten Fenstern und plastisch hervortretenden weißen Brüstungszonen gegliedert. Zahlreiche Laubengänge, Balkone und Loggien dynamisieren die Struktur. Das Gebäude hat drei Innenhöfe und einen begrünten Dachgartenbereich. Der 16-geschossige Büroturm von Myhive Offices Alto westlich davon ist in seiner Krümmung auf den Nachbarbau bezogen. Die Fassade greift mit der horizontalen Bänderung die Gliederungselemente von dessen Fassade auf.

Ehem. **GEG-Seifenfabrik** (s. Übersichtskarte; Hamburger Str. 5): Die Vierflügelanlage mit überdachtem Innenhof entstand 1913–15 für die Großeinkaufs-Gesellschaft Deutscher Consumvereine (GEG) nach einem Entwurf des Architekturbüros Salzmann und Ganzlin, wurde später jedoch mehrfach umgebaut und erweitert. Die Fassade des dreigeschossigen Backsteinbaus ist durch hochrechteckige Fenster, die in manchen Bereichen nach oben hin geschossweise kleiner werden, geschossübergreifende Lisenen und Pilaster sowie ein mehrfach gestuftes Dachgesims gegliedert. Die vier mit Walmdächern versehenen, risalitartig ausgebildeten Eckbauten lassen das Ensemble wie ein Kastell wirken. Ähnliches gilt für den in den südlichen Seitenflügel eingebundenen, jedoch aus dessen Flucht vorspringenden und den Komplex überragenden Wasserturm mit seinen geschweiften Giebeln. Die Innenraumgestaltung beruht auf der Konstruktionsweise in Stahlbeton mit doppelten und vierfachen Stützenreihen.

Von der Carlstadt nach Unterbilk

St. Maximilian (1 C6) wurde in der ersten Hälfte des 18. Jh.s als Ergänzung eines bestehenden Franziskanerklosters erbaut. Anfang des 19. Jh.s wurde das Kloster säkularisiert, die Kirche zur zweiten Stadtkirche erhoben und zu Ehren des Landesherrn Max Joseph dem heiligen Maximilian von Celeia geweiht. Die Dreischiffigkeit der Backsteinkirche lässt sich bereits an der nach Norden ausgerichteten Eingangsfassade ablesen. Der Haupteingang wird durch einen mit Dreiecksgiebel überfangenen Mittelrisalit betont. Eine weitere Gliederung der Fassade erfolgt über Rundbogenfenster sowie Öffnungen, Übergänge und Ecken akzentuierende Natursteinelemente. Oberhalb des säulengerahmten Eingangs gehört dazu auch eine Nische mit einer Skulptur. Den Abschluss bildet ein Dachreiter, der anstelle eines Turmbaus, wie er den Bettelorden untersagt war, die Glocken enthält. Innen zeigt sich die Maxkirche als Hallenkirche ohne Querhaus. Säulen tragen das Kreuzgratgewölbe des fünfjochigen Langhauses mit angeschlossenem einjochigen Chor. Pilaster, Stuckaturen und Bandwerk an Joch- und Scheidbögen sowie die leicht geschwungenen Formen der Orgelempore verkörpern eine dem franziskanischen Gebot entsprechende schlichte Barock-Ornamentik.

Östlich der Maxkirche am Maxplatz liegt der 1981 von Karl-Heinz Klein entworfene **Heimatbrunnen** mit Szenen der Stadtgeschichte und Porträts bekannter Persönlichkeiten wie Heinrich Heine. Gegenüber der Haupteingangsfassade der Maxkirche an der **Hafenstraße 1** (I C6) liegt ein dreigeschossiges Haus aus der Mitte des 18. Jh.s, dessen Fassade durch gequaderte Pilaster, verkröpfte Geschossgesimse und hochrechteckige Fenster gegliedert ist.

In der nahen **Citadellstraße 14** (I C6) befindet sich ein als Dreiflügelanlage konzipiertes Wohngebäude. Der kurfürstliche Festungsbaumeister Michael Cagnon hatte es Ende des 17. Jh.s für sich selbst errichten lassen. Der Bau wird durch hochrechteckige, profilierte Fenster, Kolossalpilaster und gequaderte Lisenen gegliedert.

Das **Palais Wittinghof gen. Schell** (I C6), dessen Errichtung im 18. Jh. begann, war ursprünglich zweigeschossig konzipiert worden. Im 19. Jh. erfolgte ein Umbau. Im EG sind die Fenster rechteckig, im 1. OG korbbogig und im 2. OG flachbogig. An der achtachsigen, zur Orangeriestraße ausgerichteten Fassade fassen pilasterartige Wandvorlagen die zweite bis vierte Achse von rechts risalitartig zu einer Einheit zusammen. Ein barock gestaltetes Triumphbogenportal betont die Mittelachse dieses Risalits.

Das benachbarte Gebäude an der **Orangeriestraße 5** wurde um 1710 errichtet. Die Gliederung der Fassade des dreigeschossigen und vierachsigen Baus erfolgt über ein genutetes Sockelgeschoss mit Rechteckfenstern, ein überleitendes Geschossgesims und hochrechteckige OG-Fenster mit geschossweise wechselnden Höhen und Rahmungen. Das Eingangsportal wird von einem Segmentbogengiebel überfangen.

Das Doppelhaus nebenan, **Orangeriestraße 3–4**, wurde 1810 nach Plänen von Peter Engels entworfen, 1866 aufgestockt und später mehrfach umgebaut. Die Gliederung der neunachsigen Fassade erfolgt über unterschiedlich gerahmte, hochrechteckige Fenster und ein zwischen Sockelzonen- und OG-Bereich trennendes, profiliertes Gesims. Die jeweils in der dritten Achse von außen angeordneten Portale unterstreichen den weitgehend symmetrischen Aufbau.

Das **Stadtmuseum** (I C6) befindet sich am südlichen Ende der ehem. Zitadelle und setzt sich aus Teilen des ehem. **Palais Spee** und einem Erweiterungsbau aus dem 20. Jh. zusammen. Das Palais diente seit dem Ende des 17. Jh.s den Grafen von Spee als Stadthaus und wurde im 19. Jh. zu einer Vierflügelanlage erweitert. Nach Zerstörungen im Zweiten Weltkrieg erfolgte der Wiederaufbau und die Übertragung der Nutzungsrechte an das Stadtmuseum. Das zweigeschossige Palais zeigt eine Backsteinfassade mit hochrechteckigen Fenstern mit Sandsteinrahmungen. Seit 1990 wird das Museum über den Erweiterungsbau mit Eingang an der Berger Allee betreten. Niklaus Fritschi konzipierte diesen dreigeschossigen Anbau in postmoderner Formensprache. Der konvex geschwungenen Hauptfassade ist ein eingeschossiger, kubischer Baukörper vorgelagert, der auf roten Rundpfeilern ruht. An seiner konkaven Rückseite bildet der Bau einen Innenhof aus. Die Wandflächen des vom Neuzum Altbau vermittelnden Baukörpers werden durch große gerasterte Fensterzonen geöffnet. Zur Sammlung s. S. 185.

Hinter dem Stadtmuseum erstreckt sich eine vom Gartenarchitekten Maximilian Friedrich Weyhe konzipierte, an den Spee'schen Graben grenzende Parkanlage. In dem **Skulpturengarten** befinden sich u. a. eine um 1923 geschaffene *Pietà* von Bernhard Sopher, eine 1981 aufgestellte, im Sessel platzierte, dreiarmige Frauenskulptur von Waldemar Otto und die Ende der 1970er Jahre von Wilhelm Martini geschaffene Büste Ferdinand Lasalles.

Gegenüber dem Stadtmuseum stehen fünf Anfang des 20. Jh.s vom Architekten Wilhelm Lenz variierend konzipierte

Wohnhäuser. Die viergeschossigen Bauten weisen mit rechteckigen und korbbogigen Fenstern, mehrgeschossigen Erkern, aufwendig gestalteten Balkonen und geschweiften Zwerchgiebeln ähnliche Gestaltungselemente in unterschiedlichen Ausprägungen auf. Eine zusätzliche Gliederung erfolgt über Bänderputz im Sockelgeschoss und Jugendstilornamentik mit streng geometrischen und vegetabilen Formen. Die Bauten waren ursprünglich Teil einer für die damalige Zeit in Düsseldorf charakteristischen Blockrandbebauung.

An der Ecke Südstraße/Poststraße (1 C7) befindet sich ein von Anton Schnitzler entworfenes klassizistisches **Wohnhaus** aus dem Jahr 1843: Die dreigeschossige Fassade ist durch hochrechteckige Fenster mit Fenstereinfassungen und Geschossgesimsen aus rotem Sandstein gegliedert. Die Sandsteinelemente bilden einen Kontrast zu den mit Fugenschnitt versehenen, hellen Putzflächen. Der Eingang wird von einem auf volutengeschmückten Konsolen ruhenden Balkon überfangen. Zusätzlich bildet ein mit doppelläufigem Mäandermuster und Rosetten versehener Fries eine Grenze zum 1. OG. Über dem Mezzaningeschoss fungiert ein Rankenfries mit in Medaillons eingefassten Büsten als horizontaler Abschluss.

Das ehem. **Gebäude der Rheinisch-Westfälischen Disconto-Gesellschaft** (Breite Str. 16, 1 D6) wurde 1906 nach Plänen von Carl Moritz erbaut. Die 1988 in einen Neubau integrierte Fassade greift mit ihrem rustizierten Sockel, den toskanisierenden Kolossalsäulen und dem Dreiecksgiebel in der Mitte Elemente des antiken Tempels auf. Seitlich wird diese neoklassizistische Tempelfront von Risaliten mit Quadermauerwerk flankiert. Fenster und Giebel wurden mit antikisierender Bauskulptur geschmückt.

Das heutige **Commerzbank-Gebäude** (Breite Str. 25, 1 D6) wurde ursprünglich für den Barmer Bankverein konzipiert, der in den 1930ern mit der Commerzbank fusionierte. Es wurde 1911/12 nach Plänen von Carl Moritz und Ernst Stahl errichtet, 1924 von Carl Moritz und Albert Betten erweitert und nach Zerstörungen im Zweiten Weltkrieg mehrfach umgebaut. Das Gebäude setzt sich aus einem vorderen Eckbau und einem diesen rahmenden, höheren Winkelbau zusammen. Die Nord- und Ostfassade des Eckbaus wird durch hochrechteckige Fenster, mehrere Gesimse und kannelierte Kolossalpilaster gegliedert und von antenartigen Pfeilern gerahmt. Dem obersten, zurückversetzten Attikageschoss sind seitlich thronende Skulpturen vorgelagert. Die Ecke wird durch einen runden Tempietto ausgebildet. EG und 1. OG zeigen mit rundbogigen Eingängen und kannelierten Kolossalpilastern eine Variante des Tabulariummotivs, der Kombination von Säulen-Gebälk-Stellung (Kolonnade) und Pfeiler-Bogen-Stellung (Arkade). Die sich über dem zweiten Geschoss des Tempiettos erhebende Architektur wurde nach antikem Vorbild eines mit Säulenkranz versehenen Rundtempels gestaltet. Die Gliederung des deutlich höheren Winkelbaus von 1924 erfolgt über geschossübergreifende, massiv ausgebildete Lisenen und hochrechteckige, teilweise mit Gesimsen geschmückte Fenster.

Die ehem. **Luisenschule** (Bastionstr. 24, I D6) wurde Anfang des 20. Jh.s nach Plänen von Johannes Radke errichtet, unterdessen aber erweitert. Die Schule wurde 1837 als private protestantische Mädchenschule gegründet und nach ihrer Protektorin Prinzessin Luise von Anhalt-Bernburg und Preußen benannt. Die viergeschossige Werksteinfassade wird durch unterschiedlich breite, teilweise erst oberhalb des Sockelgeschosses ansetzende Risalite bzw. Erker mit geschweiften Giebeln gegliedert. Die Fenster sind hochrechteckig oder rundbogig gestaltet und wurden teilweise zu Dreiereinheiten zusammengefasst. Als weitere Gliederungselemente dienen Rustikamauerwerk im EG, geschossübergreifende Pilaster und Jugendstilornamente. Stilistische Verwandtschaft besteht zum ebenfalls von Radke entworfenen benachbarten Stahlhof.

◆ Der **Stahlhof** (I D6) wurde 1906–08 nach Plänen von Johannes Radke für die Stahlwerkverband AG errichtet. Der Grundriss des als Blockrandbebauung fungierenden Baus ist symmetrisch und schließt zwei Innenhöfe ein. Die mit rotem Sandstein versehenen viergeschossigen Straßenfassaden sind monumental gestaltet. Sie werden durch giebelgeschmückte Risalite, Kolossalpilaster und Fensterflächen in verschiedensten Formen und Größen strukturiert. Die Massivität der Baukörper wird auf diese Weise gitterartig aufgebrochen. Der Mittelrisalit an der Hauptfassade ist mit einem geschweiften Giebel und einem verkupferten Dachreiter versehen, während einzelne Eckrisalite in Dreiecksgiebel münden. Zusätzlich ist die Fassade mit einer Vielzahl an figurativer und ornamentaler Bauskulptur von Adolf Simatschek geschmückt. In ihrer markant-schlichten Ausformung spiegelt sie die Architektur im Kleinen. Die Innenräume wurden in ihrer Raumfolge hierarchisch angelegt sowie materialästhetisch anspruchsvoll gestaltet, und auch die Installationstechnik folgte einem stringenten Konzept. Ähnlich wie bei der Fassade sollten Skulpturen, Gemälde und andere Kunstobjekte den Repräsentationsanspruch der Stahlindustrie verdeutlichen. Der Stahlhof beherbergte ab den 1920ern militärische Verwaltung, heute hat das Verwaltungsgericht hier seinen Sitz.

Der **Neue Stahlhof**, auch **Walzstahlhaus** genannt, wurde Ende der 1930er von Karl Wach und Heinrich Rosskotten als Erweiterung des nördlich anschließenden, von Johannes Radke geschaffenen Baus konzipiert. Zunächst diente er als Kartell- und Verbandssitz der deutschen Walzstahl-Unternehmer, nach dem Zweiten Weltkrieg wurde er bis 1958 von englischen Besatzungstruppen genutzt. Seit 1998 hat die Verlagsgruppe Handelsblatt hier ihren Sitz. Wie beim benachbarten Stahlhof wurde die Fassade – hier sechsgeschossig und neoklassizistisch – in rotem Sandstein gestaltet. Als Hauptgliederungselement fungieren rasterartig angeordnete Fenster, Lisenen und Gesimse. Der mittig platzierte Eingangsbereich durchbricht diese Rasterstruktur und wird durch ein zweigeschossiges, drei Achsen ausbildendes Pfeilerpaar hervorgehoben. Zwei Stahlarbeiterfiguren von Erich Kuhn flankieren das Portal. Am südlichen Gebäudeabschluss finden sich fünf ebenfalls von Kuhn gestaltete Köpfe, die in Form von weit auskragenden Konsolsteinen die Zäsuren zwischen den Etagen bilden.

Die **AOK-Hauptverwaltung** (Kasernenstr. 61, I D6) wurde ursprünglich für die Metallarbeiter-Krankenkasse errichtet. Der 1904–05 nach Plänen von Hermann von Endt errichtete, viergeschossige Bau verfügt über eine bossierte Werksteinfassade mit zentralem Eingangsbereich. Über dem Portal erstreckt sich ein zweigeschossiger, balkonbekrönter Erker. Die hochrechteckigen Fenster des 1. und 2. OG wurden in Zweier- und am Erker in Dreiergruppen angeordnet und jeweils mit kleineren querrechteckigen Oberlichtern versehen. Die Gliederung der sechsteiligen, mit Dreiecksgiebel bekrönten Fensterreihe im 3. OG erfolgt über fünf gedrungen wirkende Säulen. Antenartige Pfeiler bilden die Grenze zu den flankierenden Loggien. Einzelne Gliederungselemente der Obergeschosse wurden durch Jugendstilornamente nobilitiert. Angrenzend konzipierten Ernst Schoeffler, Carlo Schloembach und Carl Jacobi Ende der 1920er einen Erweiterungsbau im Stil des Neuen Bauens. Die Gliederung von dessen fünf- bis siebengeschossiger Fassade erfolgt über teilweise geschwungene, sich überlagernde bzw. gestaffelte Vor- und Rücksprünge. Fenster und Fensterbänder werden durch durchlaufende Nute und weit vorkragende Gesimsbänder zusammengefasst und betont. Die Gestaltung des mittleren Fassadenkörpers erfolgte in Werkstein, während die flankierenden Abschnitte Backsteinoberflächen aufweisen. Der südlich angeordnete Eingangsbereich wird von einer Skulptur Leopold Fleischhackers hervorgehoben.

Das **Stummhaus** (1 D6) südöstlich des Stahlhofs geht auf einen Entwurf von Paul Bonatz aus den 1920ern zurück. Es sollte als neuer Sitz des in der Hüttenindustrie tätigen Stumm-Konzerns fungieren und in seinem Erscheinungsbild die umgebende Architektur reflektieren. Nach Zerstörungen im Zweiten Weltkrieg erfolgten mehrere Umbau- und Renovierungsmaßnahmen. Die Hauptidee von Bonatz bestand in der Anordnung von vier unterschiedlich hohen Baukörpern um einen Innenhof. Als Grenze des Hofs zur Straße fungieren ein kleines Pförtnerhaus mit Treppengiebel und eine angeschlossene Einfriedung aus Zaun- und Mauerelementen. Die rückseitige Rahmung bilden U-förmig die fünf- bis elfgeschossigen Bauten. Die in Backstein ausgeführten Wandflächen werden durch geschossübergreifende, polygonale Pfeiler, rippenartige, auf Konsolen ruhende Wandvorlagen und dazwischen hochrechteckige Fenster gegliedert. Aufgrund der Materialität und der Vertikaltendenz der Wandvorlagen ergeben sich Bezüge zur Gotik und zum Expressionismus. Oberhalb des Flachdachs laufen die Pfeiler und Wandvorlagen zinnenartig aus. Der im höchsten Baukörper gelegene, zum Hof ausgerichtete Eingangsbereich wird durch begrenzende Pfeiler und eine Erhöhung der Geschosse risalitartig hervorgehoben. Eine zusätzliche Betonung erfolgt über den mit Bauskulptur geschmückten Baldachinvorbau. Die die Büroräume unterteilenden Zwischenwände sind flexibel variierbar.

Der Hochhauskomplex **GAP 15** (1 D7), benannt nach seinem Standort am Graf-Adolf-Platz 15, wurde 2003–05 errichtet. Das vom Düsseldorfer Büro sop Architekten konzipierte Ensemble besteht aus einem 24-geschossigen allseitig verglasten Hochhaus und einem daran angeschlossenen Flachbau. Der

Grundriss des Hochhauses beruht auf zwei versetzt angeordneten, ineinander übergehenden Ellipsen-Segmenten. In den über eine Glasdachkonstruktion mit dem Hochhaus verbundenen Flachbau wurde die denkmalgeschützte Nordfassade des ehem. Fernmeldeamtes aus dem Jahr 1921 integriert.

Das **LVA-Hauptgebäude** (1 D7) wurde 1972–78 unter Leitung von Harald Deilmann für die Landesversicherungsanstalt (LVA) Rheinprovinz, heute Deutsche Rentenversicherung Rheinland, errichtet, als Ergänzung eines bestehenden LVA-Baus. Der Grundriss beruht auf drei versetzt ineinandergeschobenen Quadraten. Die turmförmigen Baukörper sind in der Höhe gestaffelt und werden an den Kanten durch eingeschnittene und an den Ecken diagonal abgeflachte, geschossübergreifende Bänder jeweils in drei gerasterte Fensterzonen unterteilt. Horizontale Gliederungselemente bilden schlitzartig durchbrochene, zu umlaufenden Bändern zusammengefasste Lüftungsschächte. Am Schnittpunkt der Türme befinden sich im Innern Aufzüge und Treppen. Dem Turmkomplex ist ein viergeschossiger Flachbau vorgelagert. Seine die Horizontale betonende Gliederung bildet einen Kontrast zum Hochbau. Den Eingangsbereich des LVA-Hochhauses markieren zwei monumentale Granitdreiecke. 1978 von Heinz Mack zusammen mit den dreieckigen Wasserbassins und Pflanzungsarealen entworfen, vermitteln sie als archaisch anmutende Raumkeile zwischen Architektur und Vorplatz.

Am Südende der kleinen Parkanlage **Schwanenmarkt** (1 D7) befindet sich seit 1981 ein von Bert Gerresheim entworfenes Heinrich-Heine-Denkmal: Die zerteilte Totenmaske deutet die Zerrissenheit des Dichters an, die Trommel seine revolutionäre Gesinnung.

Das **Ständehaus** (1 D7) gegenüber dem Schwanenmarkt hinter Schwanenspiegel und Kaiserteich beherbergt heute die **Kunstsammlung NRW / K 21** (zur Sammlung s. S. 184). Der ♦

Ständehaus, Oilette-Postkarte, 1911

neorenaissancistische Bau wurde 1876–80 nach Plänen von Julius Carl Raschdorff als Parlamentsgebäude des Provinziallandtags der preußischen Rheinlande errichtet. Nach dem Wiederaufbau infolge der Zerstörungen im Zweiten Weltkrieg kam es 1996 unter Leitung des Münchner Architektenbüros Kiessler + Partner zu einem Umbau für die Kunstsammlung NRW. Der Bau wurde entkernt und mit einer Glaskuppel überwölbt. Der ursprüngliche, auf die italienische Renaissance verweisende Bau zeigt eine Fassade aus mit Rustikamauerwerk versehenem Sockel- und Erd-, verputztem Ober- und abschließendem Attikageschoss. Der Nord- und Südfassade sind Mittelrisalite mit Tabulariummotiv (Kombination von Säulen-Gebälk-Stellung und Pfeiler-Bogen-Stellung) vorgelagert. Die Fenster wurden im Sockel- und Erdgeschoss als Rechteck- und Rundbogenfenster, im OG als säulengerahmte und giebelbekrönte Rechteckfenster und im Attikageschoss in kleiner quergelagerter Ellipsenform gestaltet. Als zusätzliche Gliederungselemente dienen Gesimse, Balustraden, Konsolen, Friese und weiterer plastischer Bauschmuck. Die Innenraumgestaltung beruht auf der Konzeption als Vierflügelanlage mit Innenhof. Weiße Wände und Decken bilden einen reizvollen Kontrast zur historischen Bausubstanz. Der lichtdurchflutete Raum des Innenhofs erstreckt sich teilweise bis unter die Kuppel. In drei Etagen wird er von einer Folge aus kabinettartigen Ausstellungsräumen umgeben. Im UG befindet sich eine große, bis an den Kaiserteich reichende Ausstellungsfläche. Die ans Wasser grenzende Stützmauer wird hier von Rundfenstern durchbrochen. Diese verbinden Innen- und Außenraum sowie Kunst- und Unterwasserwelt.

Die das Ständehaus umgebende **Parkanlage** mit Kaiserteich und Schwanenspiegel wurde ab 1835 nach Plänen von Maximilian Friedrich Weyhe gartenkünstlerisch gestaltet. Das Konzept beruht auf der Anlage unterschiedlicher Höhenniveaus. Die beiden Wasserflächen werden von Platanen, Ahornbäumen, Robinien und Silberpappeln gerahmt. Auf einer in den Kaiserteich hineinragenden Exedra vor dem Ständehaus liegt die 1897 von Karl Janssen und Joseph Tüshaus geschaffene neobarocke Figurengruppe *Vater Rhein und seine Töchter*. Als Allegorien der Nebenflüsse Mosel, Main und Neckar schmücken Letztere neben einem den Nibelungenschatz bewachenden Drachen und verschiedenen Putten den von Vater Rhein beherrschten Felsen. Hinter dem Ständehaus finden sich u. a. Skulpturen von Künstlern wie Barnett Newman oder Dan Graham.

Die **Wasserstraße** (I C–D7) ist noch heute überwiegend durch die historische Bausubstanz großbürgerlicher Wohnbauten des 19. Jh.s geprägt. Das zweigeschossige Eckhaus Nr. 5 ist fünfachsig gegliedert und wird in der Mitte durch einen Risalit betont. Die Gliederung der Putzfassade erfolgt durch profilierte, hochrechteckige Fenster und Oculi. Der Abschluss zum Satteldach wird zur Wasserstraße mit einem Sparrengesims und nach Osten durch einen Fries in der abgewandelten Form eines sog. Laufenden Hundes betont. Das nach Plänen von Johann Sondermann errichtete, fünfachsige Haus Nr. 12 verfügt über drei Vollgeschosse und ein Mezzaningeschoss. Die Gliederung der barockisierenden Fassade erfolgt durch ein seitlich angeordnetes, rundbogiges Portal, hochrechteckige Fenster in den Vollgeschossen und Ochsenaugen im obersten Halbgeschoss. Die Fensterrahmungen werden geschossweise variiert.

Außenstelle des Polizeipräsidiums (I C7): Der Bau entstand ursprünglich als Innenministeriumsgebäude Ende der 1970er infolge der durch den Bau der Rheinkniebrücke bedingten Umgestaltung der rechtsrheinischen Umgebung von einem Wohn- zu einem Verwaltungsbezirk. Der Entwurf des Büros Hentrich, Petschnigg & Partner (HPP) beruht auf zwei miteinander verbundenen, versetzten Baukörpern mit windmühlenartig angeordneten Flügeln. Die Gliederung der Fassade erfolgt über dem zurückversetzten EG vorgelagerte Pfeiler und deren lisenenartige Fortsetzung in den Obergeschossen. Die zu vertikalen Bändern zusammengefassten, die Fassade dominierenden Fensterflächen werden an den Stirnseiten der Flügel von breiteren Wandflächen gerahmt. Der Zugang erfolgt über den beide Baukörper verbindenden Flügel. Die zwei Verkehrszentren befinden sich östlich und westlich jeweils an den Schnittpunkten zu den übrigen Flügeln.

Die Gebäude des **Polizeipräsidiums** (I C7) wurden zwischen Ende der 1920er und Ende der 1930er Jahre auf dem Gelände der um 1900 abgetragenen Husarenkaserne errichtet. Bei beiden Gebäudekomplexen schließt nördlich und südlich je ein Flügel zinkenartig an den von West nach Ost verlaufenden Hauptflügel. Am südlichen Baukomplex dienen zwischen den Seitenflügeln eingefügte und parallel zum Hauptflügel verlaufende Baukörper als Verbindung. Sie wurden teilweise erst später ergänzt. Das Sockelgeschoss der Backsteinfassaden wird über eine Werksteinverkleidung hervorgehoben. Die hochrechteckigen Fenster sind rasterartig angeordnet und mit Kalkstein gerahmt. Der Eingang des nördlichen Baukomplexes ist als fünfachsiger Portikus gestaltet. Die für die Architektur genutzte sachliche Formensprache mit neoklassizistischen Anklängen und die Gestaltung mit Backstein schaffen eine Verbindung zu den Bauten der GeSoLei (S. 142).

Mit dem **Quartier Neusser Straße / Lahnweg** (II B8) wird in unmittelbarer Nähe zum Stadttor ein neuer Wohn- und Gewerbestandort entwickelt. Der als gestalterische Grundlage dienende Entwurf des Büros caspar sieht zwei aus dem historischen Stadtgrundriss abgeleitete Blockbebauungen mit 17-geschossigem Hochpunkt und zentralem Boulevard vor. In der von Glasflächen geprägten, gerasterten Außengestalt orientiert sich die Architektur an dem benachbarten Stadttor.

Das **Stadttor** (II B8) erhebt sich oberhalb der Einfahrt zum Rheinufertunnel. Es wurde 1992–98 nach den Plänen des Architekturbüros Overdiek Petzinka und Partner errichtet. Die architektonische Grundidee beruht auf seinem Aufbau über dem Grundriss eines Parallelogramms. Das 70 m hohe Gebäude besteht aus zwei über einen oberen, dreigeschossigen Querbau verbundenen, inneren Türmen und einer umschließenden, doppelschaligen Glashülle. Zwischen den Türmen erstreckt sich atriumartig eine über 60 m hohe Halle. Aus südlicher und nördlicher Richtung ergeben sich so Assoziationen der Gestalt eines Tores, das die Grenze zur inneren Stadt markiert. Gleichzeitig fungiert der markante Bau als städtebauliches Gelenk im Spannungsfeld zwischen Rheinturm (S. 84), Landtag (S. 83) und den jüngeren Hochhäusern des Medienhafens. Aufgrund seiner durch die Kombination von stumpfen und spitzen Winkeln geprägten rhomboiden Form mit stark voneinander abweichenden Kantenbreiten eröffnen sich zu den einzelnen Fassadenseiten recht unterschiedliche Perspektiven. Sie erwecken wechselnde Eindrücke von Monumentalität, Dynamik und Eleganz. Der Innenraum wird durch die von den Büroetagen eingefasste Halle geprägt. Eine in sie eingehängte, ovale Plattform fungiert als Verteilerebene. Zwischen innerer und äußerer Glaskonstruktion liegt eine dem modernen Klimakonzept entsprechende Pufferzone mit begehbaren Balkonen und Sonnenschutzelementen. Der Bau wird v. a. als Bürogebäude, aber auch von Gastronomie und Einzelhandel genutzt.

RWI 4 (II B8): Der Bürokomplex wurde in den 1970ern von Hentrich, Petschnigg & Partner (HPP) für die Rheinisch-Westfälische Immobilien Anlagengesellschaft konzipiert. Er besteht aus einer vorgelagerten Gruppe zweigeschossiger Sockelbauten und zwei aus diesen herauskragenden Hochhäusern. Der Grundriss der Sockelbauten beruht auf mehreren, teilweise überlagert aneinandergefügten Vierecken. Die beiden Hochhaus-Türme werden aus jeweils zwei gespiegelt zusammengefügten, winkelförmigen Flügeln gebildet. Die einzelnen Flügel bestehen wiederum aus vier rechtwinklig ineinandergelegten, versetzt angeordneten Scheiben. Das OG der Sockelbauten wird über dem zurückweichenden, weitgehend verglasten EG durch kräftige Rahmungselemente aus weißem Kunststoff bestimmt. Die tief eingeschnittenen, kristallin geformten Profile betonen die horizontale Ausdehnung des Baus. Die verspiegelten Fassadenflächen der Hochhäuser werden durch schmale, senkrecht zusammengefasste Fensterbahnen gegliedert und erzeugen damit eine kontrastierende Hervorhebung der Vertikalen.

Der **Floragarten** (II C–D8) entstand infolge einer 1875 gegründeten Privatinitiative zur Schaffung eines geselligen Treffpunkts in dem seinerzeit neuen, südlichen Stadtviertel. Die kleine Parkanlage wurde von dem Gartenarchitekten Heinrich

Grube um einen von der Düssel gespeisten Teich mit Gewächs- und Palmenhaus geplant. Der Architekt Bernhard Tüshaus entwarf zusätzlich ein Festhaus. Nachdem der Garten 1902 an die Stadt übergegangen war, wurde er in seiner Struktur vereinfacht, das Palmenhaus abgebaut. Das Festhaus wurde im Zweiten Weltkrieg zerstört; an seiner Stelle baute man Ende der 1950er das Karl-Arnold-Haus. Ab 2009 wurde der Park für mehr Transparenz und Helligkeit umgestaltet.

An der Stelle des **Karl-Arnold-Hauses** im südlichen Bereich des Floragartens befand sich vormals die Tonhalle. Der nach Karl Arnold, 1947–56 zweiter Ministerpräsident Nordrhein-Westfalens, benannte Bau wurde Ende der 1950er von Hans Schwippert als Sitz der von Arnold gegründeten Arbeitsgemeinschaft für Forschung (heute Nordrhein-Westfälische Akademie der Wissenschaften und der Künste) konzipiert. Die Gliederung des zweigeschossigen Baus erfolgt über die Rasterung eines in einem hellen Gelbton gehaltenen Stahlbetonskeletts. Die Zwischenräume werden von Zonen aus meist hochrechteckigen Fenstern mit bronzefarbenen Rahmungen und Brüstungsfeldern aus dunklem Basalt ausgefüllt. Das Innere besteht im Wesentlichen aus zwei im Gebäudezentrum angeordneten Sälen: einem rechteckigen Kongresssaal für bis zu 400 Personen und einem kleineren, runden Diskussionssaal für etwa 80 Personen. Die mit hölzerner Kassettentäfelung versehenen Saalräume werden von einem umlaufenden Raumband eingeschlossen. Dieser Umraum lässt sich mittels gläserner Schiebewände den verschiedenen Nutzungszwecken entsprechend unterteilen.

Die **Friedrichstadt** (II D–E7/8) entstand auf Grundlage des 1854 genehmigten Stadterweiterungsplans und wurde nach Friedrich Wilhelm IV. (1840–61 preußischer König) benannt. Der Stadtteil erstreckt sich südlich von Stadtmitte und Carlstadt. Durch die Ende des 19. Jh.s erfolgte Auflösung des nördlich angrenzenden Bahnhofsbereichs konnte ein enger Anschluss an die Innenstadt geschaffen werden. Der Aufbau des Stadtteils folgt in Anlehnung an die Carlstadt dem klassizistischen Prinzip des konsequent rechtwinklig angelegten Straßenrasters. Entlang der Friedrichstraße entwickelte sich ein Gründerzeitviertel aus großbürgerlichen, meist dreigeschossigen Wohnhäusern in spätklassizistischem bzw. neobarockem Stil. Das heutige Bild der Friedrichstadt wird allerdings durch Hochhauskomplexe für Banken und Versicherungen bestimmt.

Der **Firmensitz der WestLB** (II D7/8) wurde Ende der 1990er von der Architektengemeinschaft Lindner Roettig Klasing und Partner (LRK) konzipiert. Die weitgehend verglaste Fassade des sechsgeschossigen Baus wird durch eine quadratische Rasterung aus Granitelementen gegliedert. An der Ostfassade sind den zurückversetzten Fensterflächen in EG und 1. OG freistehende Pfeiler vorgelagert. Diese werden in den Geschossen darüber als Begrenzung der hier auf Ebene der Pfeiler liegenden Glasflächen fortgesetzt. Der Zugang erfolgt über die vier mit Pultdächern versehenen mittleren Öffnungen. Die hier zusätzlich nach hinten versetzten Wandflächen bilden einen loggiaartigen Eingangsbereich. Die innere Gestalt des Baus beruht auf der Integration einer bereits im Vorgängerbau bestehenden quadratischen Brunneninstallation des Düsseldorfer Künstlers Norbert Kricke von 1963/64. Im glasbedachten Atrium bildet sie das Zentrum des Gebäudes. Die in das

Glasdach integrierte Glaslamellenanlage ermöglicht eine variable Anpassung der Sonneneinstrahlung entsprechend den thermischen Verhältnissen.

St. Peter (II D8): Die Gestalt der Ende des 19. Jh.s erbauten kath. Kirche beruht auf einem Entwurf von Caspar Clemens Pickel. Nach starker Zerstörung im Zweiten Weltkrieg dauerte der Wiederaufbau bis in die 1980er Jahre. Ein Brand im Jahr 2007 machte einen erneuten Wiederaufbau notwendig, der im Jahr 2011 abgeschlossen wurde. Die Fassade der neogotischen Kirche wird durch einen im Norden platzierten Turm mit quadratischem Grundriss und spitz zulaufendem Helm bestimmt. Als Gliederungselemente fungieren spitzbogige Fenster, Strebepfeiler und eine umlaufende Maßwerkgalerie. Innen zeigt sich der Bau als dreischiffige Hallenkirche. Spitzbogige Arkaden gliedern den Raum und leiten zum polygonal abschließenden Querschiff und Chor über. Steinsichtige Pfeilervorlagen werden als Gurt- und Scheidbögen fortgesetzt. Dienste leiten zu den Rippen der Sterngewölbe über. Die spitzbogigen Maßwerkfenster im Langhaus wurden nach Entwürfen von Jochem Poensgen gestaltet.

Das **Gemeindezentrum mit Immanuelkirche** (II E7) wurde Mitte der 1960er Jahre in einem Hinterhof errichtet. Der von Heinz Kalenborn entwickelte Entwurf für die evang. Friedenskirchengemeinde sah neben Wohn- und Versammlungsräumen einen Kindergarten und eine Schwesternstation vor. Der Komplex setzt sich aus drei über eine Hofanlage verbundenen Gebäuden zusammen. Die Wandflächen an der Fassade und im Innenraum sind weitgehend in Sichtbeton gestaltet. Der im Grundriss querrechteckige Kirchenraum wird durch das von schweren Balken getragene Pultdach bestimmt, welches zum Altar an der Längsseite steil abfällt. Während die Wandflächen an der Altar- und der Eingangsseite durch große, querrechteckig gerasterte Fensterflächen geprägt sind, werden sie an den

Stirnseiten lediglich durch schmale, unmittelbar unterhalb des Daches ansetzende Lichtbänder durchbrochen. Der Bau steht paradigmatisch für den Typ der nach dem Zweiten Weltkrieg entstandenen, verschiedenen Zwecken dienenden Gemeindezentren.

Weitere Ziele im Süden

Seit den 2020ern entstehen am südlichen Rand der Innenstadt an der Völklinger Straße mehrere neue Quartiere:

Das **Quartier V24** (II B8), entwickelt von CROSS Architecture, orientiert sich im Aufbau an einer Hofstruktur, mit mischgenutzter Blockrandstruktur im Nordwesten sowie einer Rahmung durch einen Hochpunkt. Das Konzept umfasst auch Fuß- und Radwegevernetzungen.

Das **Quartier Südlich Auf'm Tetelberg** (II B9) grenzt an den Südring und beruht auf Plänen des Büros dichter Architekturgesellschaft. Die Grundidee besteht in lärmabschirmenden, mäandrierend aufgebauten Baustrukturen, die das Quartier stadträumlich und freiräumlich organisieren und individuelle Straßenräume und Grünzonen schaffen.

Die **Jan-Wellem-Kapelle** (II A9; auch **Kreuzkapelle**) wurde 1658 von Herzog Philipp Wilhelm anlässlich der Geburt seines Sohnes Johann Wilhelm II. gestiftet. Sie diente ursprünglich als Endpunkt eines alljährlich von dem Herzog unternommenen Kreuzweges mit sieben Stationen, der vom Residenzschloss entlang des Rheins bis hierher führte. Zunächst von den Jesuiten betreut, gehörte die Kapelle nach der Säkularisation ab 1804 zur Pfarrgemeinde Hamm. In den 1930ern erfolgte eine Restaurierung. Nach der Wiederherstellung infolge von Zerstörungen im Zweiten Weltkrieg wurde die Kapelle von der orthodoxen Parochie zu den Heiligen Engeln genutzt.

2008 überließ sie die Nutzung der georgischen orthodoxen Kirchengemeinde Heiliger Antimos aus Iveria. Der Zentralbau mit vorgelagertem Kastenchor zeigt an der verputzten Fassade eine Gliederung aus Pilastern, verkröpften, mehrstufigen Gesimsen und rundbogigen Blendfenstern. In die Blendbögen sind Fensterlünetten mit Radialsprossen eingesetzt. Das abschließende Pyramidendach wird von einem Dachreiter mit Zwiebelhaube bekrönt. Der Zugang erfolgt über ein rundbogiges Portal im Westen. Der innen oktogonal ausgebildete Zentralraum wird von einer flach abschließenden Decke und einem Kreuzgratgewölbe im Chor überfangen.

Die **Rochuskapelle** (s. Übersichtskarte; Auf den Steinen 1) wurde 1709 im Auftrag von Wilhelm Daniels, dem Hofrat von Herzog Philipp Wilhelm, anstelle eines baufällig gewordenen Vorgängerbaus errichtet. Sie sollte als Grabkapelle der Familie Daniels dienen. Die ursprüngliche Gestalt des Neubaus konnte trotz Zerstörungen im Zweiten Weltkrieg sowie mehrerer Restaurierungen und Umgestaltungen weitgehend erhalten bleiben. Die Backsteinfassade des longitudinalen Baus wird durch Rundbogenfenster, Pilaster und mehrere Gesimse gegliedert. An der Eingangsfassade wird das rundbogige Portal mit Natursteinrahmung von einem Oculus mit Blendbogen überfangen. Die flankierenden Pilaster münden in einen oberhalb der Trauflinie ansetzenden Dreiecksgiebel. Mittig im geschweiften Walmdach befindet sich ein Dachreiter mit oktogonalem Grundriss und abschließender Glockenhaube. Das Innere zeigt sich als Saalbau mit Klostergewölbe.

Die ehem. Pfarrkirche **Alt St. Martin** (II C9) in der Ortsmitte von Alt-Bilk wurde um 1000 als dreischiffige Pfeilerbasilika an der Stelle einer früheren Kapelle mit rechtwinkligem Grundriss aus karolingischer Zeit errichtet, deren Überreste in den Bau integriert wurden. In der zweiten Hälfte des 12. Jh.s entstand der Turm und der Chorbereich wurde erweitert und neugestaltet. Um 1200 wurde die flache Holzdecke durch ein Kreuzrippengewölbe ersetzt. Nach mehrfachen Umgestaltungen der Seitenschiffe ab dem 15. Jh. kam es Ende des 19. Jh.s zu einer umfangreichen Restaurierung auf Grundlage der ursprünglichen Pläne. Die Außengestalt des Baus wird durch den fünfstöckigen, vorgelagerten Westturm bestimmt. Die Gliederung der Fassade erfolgt über Biforien am Turm und eher kleine, spitzbogige Fenster am Hauptbau sowie schlichte Strebepfeiler und Gesimse. Seitenschiffe und Apsis sind zusätzlich durch einen Würfelfries geschmückt, Turm und Chorbau durch einen Rundbogenfries mit rahmenden Lisenen. Die Bronzetüren an dem rundbogigen, mit schlicht abgestuftem Gewände versehenen Eingangsportal am Turm wurden während der großen Restaurierungsarbeiten zwischen 1986 und 1993 von Bert Gerresheim gestaltet. Der Innenraum wird durch den Kontrast aus den schlicht gestalteten Wandzonen der Pfeilerarkaden und den schlanken, das Kreuzrippengewölbe tragenden Säulenvorlagen bestimmt.

Die kath. Kirche **St. Bonifatius** (II C9/10) geht auf einen Entwurf von Franz Schneider aus den 1920ern zurück. Zu dem Komplex gehört ein Gemeindehaus und ein den Straßenverlauf aufgreifender Verbindungstrakt. Nach dem Wiederaufbau infolge von Kriegsschäden wurde die Backsteinkirche Mitte der 1950er vom Sohn des Architekten, Paul Schneider-Esleben, umgestaltet und um ein Drittel erweitert. Die Eingangsfassade zeigt eine flache Wandfläche mit dreieckig abschließender Giebelzone. Die Wandfläche wird lediglich durch rasterförmig angeordnete, dreieckige Glasfenster durchbrochen. Zusammen mit den daran angeschlossenen drei Jochen gehört sie zum jüngeren Teil der Kirche. Statt in der ursprünglichen Gestaltung wird der westliche Bereich von Nord- und Südfassade durch keilartige, sich nach oben verjüngende Strebepfeiler strukturiert. Der ältere Baukörper im Osten zeigt als zusätzliche Gliederungselemente schlanke, spitzbogige Fenster und mit unterschiedlichen Ziegelmustern ornamental gestaltete, horizontale Bänder. Die Ostfassade wird von einer mit den gleichen Elementen gegliederten Apsis, einem abgetreppten Giebel und zwei flankierenden, quadratischen Glockentürmen bestimmt. Innen zeigt sich der Bau als Saalkirche, überwölbt von einer flachen, gegurteten Spitztonne mit spitzbogigen Stichkappen. Die Gestaltung der einleitenden, jüngeren Joche orientiert sich an den Gliederungselementen der älteren, östlichen Bauteile, beinhaltet jedoch keine Fensteröffnungen.

Der **Michaelhof** (II C9) entstand in den 1920ern an Karolinger-, Merkur-, Planeten-, Suitbertus-, Henrietten- und Burghofstraße als Blockrandbebauung mit fast 500 Wohnungen. Grundlegend waren die seit dem ausgehenden 19. Jh. für den Bereich vorgegebenen, städtebaulichen Strukturen. Als Architekten fungierten Fritz Hofmeister, Gotthold Nestler, Otto Engler und das Büro Schmalhorst und Mohr. Die meist fünfgeschossigen Bauten beinhalteten Wohnungen mit zwei bis vier Zimmern, einige mit angeschlossenem Bad. Teil des Komplexes waren außerdem eine Badeanstalt, eine Wäscherei und Plätterei sowie ein Kinderhort. Als Zentrum wurde ein Dreiflügelbau geplant (Fritz Hofmeister), der v. a. den Bereich Karolingerstraße 33–37 einnimmt. Zusammen mit den südlich angrenzenden Bauten bildet er einen Innenhof mit Spielplatz aus. Die Fassaden der in Eisenbeton geschaffenen Flügelbauten werden durch ihre Verblendung mit Backstein bestimmt. Die Gliederung erfolgt über Vor- und Rücksprünge, mehrgeschossige Erker und Loggien. Sockelzone und Fensterreihen werden durch unterschiedliche Muster von alternierend zurücktretenden Verbandsschichten zusammengefasst. Als zusätzliches horizontales Gliederungselement dienen verkröpfte, profilierte, helle Gesimse. Das mittig an der symmetrisch konzipierten Hauptfassade gelegene Eingangsportal wird durch ein Muster aus verspringend zurückweichenden Einzelsteinen und über geschossübergreifende, schlanke Mauervorlagen akzentuiert. An dem ebenfalls von Hofmeister entworfenen südlichen Anschlussbau wird der Übergang von der Planeten- zur Suitbertusstraße durch eine nach innen gerichtete Ecke hervorgehoben. Engler variierte die Fassadengliederung an dem anschließenden Bau in der Suitbertusstraße 38–50 und der L-förmigen Bebauung an der Karolinger- und Henriettenstraße mit einer Bänderung an der Brüstungszone und zusätzlichen hellen Gesimsen. Die Eingänge werden hier durch helle, elegant proportionierte Gewände gerahmt. Die vom Büro Schmalhorst und Mohr konzipierten Bauten (z. B. Henriettenstraße 2–14) nutzen vergleichbare Gliederungselemente, orientieren sich – etwa mit den Konsolsteinen – jedoch stärker an klassischen Vorbildern. In unmittelbarer Nachbarschaft des Komplexes liegen weitere, u. a. von Jacob Draeger entworfene Backsteinwohnblöcke aus den 1920ern.

Die **Wohnanlage an der Brachtstraße** (II D9) mit ihren 50 Einheiten geht auf einen Entwurf von Wolfgang Döring aus den 1970ern zurück. Im Sinne des sozialen Wohnungsbaus konnte das in Massivbauweise mit Backsteinverkleidung konzipierte Gebäude relativ kostengünstig errichtet werden. Die Fassade des fünfgeschossigen, quergelagerten Baus wird von rhythmisch angeordneten Vor- und Rücksprüngen bestimmt: Auf einen im EG ansetzenden, aus mehreren Abstufungen bestehenden Eingangsvorbau folgt je ein breiteres, erkerartig dem 1. bis 3. OG vorgelagertes Element. Die Fenster liegen seitlich schwer einsehbar in den Wandflächen zwischen den Vorbauten. Die Eingänge werden durch blaue Tonnendächer akzentuiert.

St. Suitbertus (I E9) wurde 1905–06 nach Plänen von Alfred Tepe als neogotische dreischiffige Basilika errichtet und 1927 unter Leitung der Architekten Hans Tietmann und Karl

Haake erweitert und um einen Turm ergänzt. Die Eingangsfassade wird von dem mittig platzierten, sich nach oben stufenweise verjüngenden Turm von quadratischem Grundriss dominiert. Die Fassadengestaltung orientiert sich in Material und Formen an der norddeutschen Backsteingotik. Der Zugang zur Kirche erfolgt über ein spitzbogiges Portal durch eine zwischen zwei flankierenden Kapellen liegende Vorhalle im Turm. Hinter der durch Spitzbögen ausgeschiedenen Turmhalle schließen das Langhaus, zwei kurze Querhausarme und ein Chorbereich mit flankierenden Kapellen kreuzförmig an. Als Gliederungselemente dienen spitzbogige Arkaden und Fenster, kantonierte Pfeiler, Dienste und Kreuzgratgewölbe.

Die ehem. **Jagenberg-Fabrik** (II D10) wurde von dem Düsseldorfer Architekten Heinrich Salzmann entwickelt (daher die alternative Bezeichnung **Salzmannbau**), auf additive Erweiterung ausgerichtet. So kam es nach ersten Baumaßnahmen im Jahr 1904 in den folgenden Jahrzehnten auch zu mehreren Anbauten. Ende des 20. Jh.s wurde die Anlage restauriert und im Sinne des sozialen Wohnungsbaus zum kombinierten Wohn- und Kulturzentrum umgebaut. Der Komplex gliedert sich heute in einen parallel zur Straße verlaufenden Hauptbau und drei im Süden zinkenartig ansetzende Nebenflügel. Die zur Himmelgeister Straße ausgerichtete Fassade des langen Hauptbaus wird durch drei nur leicht vortretende, schmale Eingangsrisalite mit geschweiften Giebeln strukturiert. Ein abgerundeter Treppenturm bildet den Übergang zu dem mit einem Knick anschließenden östlichen Fassadenteil. Geschossübergreifende, pilasterartige Mauervorlagen und dazwischen Paare aus hochrechteckigen Fenstern fungieren als Gliederungselemente. Eine zusätzliche Strukturierung erfolgt über die teilweise abgetreppt angeordnete weiße Verklinkerung und die den Mauerverband durchziehenden grünen Majolika-Kacheln.

Das **Heinrich-Hertz-Berufskolleg** (s. Übersichtskarte; Redinghovenstr. 16) geht auf einen Entwurf von Heinz Kalenborn aus den 1950ern zurück. Ursprünglich als Metallgewerbliche Berufsschule 1 eröffnet, umfasste das Schulzentrum drei über einen zentralen Trakt verbundene Baukörper. Die in Stahlskelettbauweise umgesetzten Gebäude verfügen über drei bis sechs Geschosse und sind jeweils an ihrer Stirn- oder Langseite an den Verbindungstrakt angeschlossen. Die Fenster des niedrigen B-Traktes reihen sich rasterförmig in drei Bahnen aneinander und betonen die horizontale Erstreckung dieses Baukörpers. Das sechsgeschossige C-Gebäude wird durch größere Fenster gegliedert, die westlich teilweise versetzt zueinander angeordnet sind. 2018 wurde über winkelförmigem Grundriss östlich des Ensembles ein viergeschossiger Erweiterungsbau errichtet. Der angrenzend an den Erweiterungsbau neukonzipierte Schulhof verbindet das Heinrich-Hertz-Berufskolleg mit der nordöstlich gelegenen Dependance des Franz-Jürgen-Berufskollegs. Als grundlegendes Gestaltungsmotiv des Schulhofs fungiert die über das Gelände verlaufende Linienstruktur des Hertz'schen Dipols, also elektromagnetischer Wellen zur Signalübertragung.

Volksgarten und **Südpark** (s. Übersichtskarte) liegen in den südöstlich der Innenstadt gelegenen Stadtteilen Oberbilk und Wersten. Der Volksgarten wurde 1894 als erster städtischer Park angelegt, nördlich an die Düssel grenzend, zur Aufwertung des Stadtgebietes und für die Erholung seiner Bürger. Seine Gestalt beruht auf typisch gründerzeitlichen gartenkünstlerischen Elementen, darunter künstlich aufgeschüttete Aussichtshöhen, naturbelassene Grünflächen, eine von der Düssel gespeiste Teichanlage im Norden, geschwungene Wege und rahmende Baumgruppen. 1907 wurde der Park nach Osten erweitert. Hier setzte der Gartenarchitekt Walter von Engelhardt den Fokus auf die Nutzung als Sport- und Spielgarten. Im Zuge der Bundesgartenschau 1987 entstanden der etwa 90 ha große Südpark sowie eine Verbindung zwischen diesem und dem Volksgarten. Möglich wurde diese Neukonzeption durch die Angliederung der zwischen beiden Parks befindlichen Gelände der Schrebergartensiedlung Stoffeln und eines Teils des Stoffeler Friedhofs. Mit der Schau vieler Pflanzenarten und Landschaftsbaukunst wirkt der Südpark künstlicher als der naturnahere Volksgarten. In der südlichen Verlängerung der beiden ineinander übergehenden Anlagen liegt der Botanische Garten der Heinrich-Heine-Universität.

Die **Franz-von-Sales-Kirche** (s. Übersichtskarte; Siegburger Str. 165) östlich des Südparks wurde, von Hans Schwippert entworfen, 1969–71 am Standort der ehem. Scheidlingsmühle errichtet und sollte der Werstener Kirchengemeinde St. Maria Rosenkranz als Filial- und Schulkirche dienen. Schwippert orientierte sich beim Grundriss an der Struktur eines griechischen Theaters. Die mit unregelmäßigen Backsteinen verkleidete Fassade wird von hohen, im Grundriss eine Eiform bildenden Wandflächen bestimmt. Diese werden lediglich durch eine Reihe hochrechteckiger Fenster im unteren Bereich und eine Reihung von schießschachtartigen, quadratischen Öffnungen unterhalb der Trauflinie gegliedert. Die drei konvex gebogenen Mauerflächen schwingen an ihren Übergangszonen nach außen. Jeweils zwei dieser ausschwingenden Wandscheiben konstituieren zwischen den Mauerabschnitten geschlossene, ausluchtartige Eingangszonen, die an zwei Seiten über Treppenanlagen verfügen. Am Hauptbaukörper öffnen sich die hochrechteckigen Wandflächen über große Fenstereinheiten. Der mit einer Holzdecke überfangene Innenraum erstreckt sich mithilfe einer Verteilerebene über unterschiedliche Niveaus. Der Altar befindet sich am niedrigsten Gebäudepunkt in der engeren Bucht im Südwesten. Die konzentrisch ansteigenden Sitzreihen sind winkelförmig um die runde Altarzone angelegt. Links des Altars wurde eine kleine halbrunde Nische in die Wand integriert. In ihr befindet sich das über einem Mühlstein errichtete Sakramentshaus. Das durch offene Stoßfugen geprägte Fugenbild der Mauerwände wird an den Eingangsbereichen durch ein engeres Verbundsystem mit geschlossenen Fugen variiert. Aufgrund ihrer guten Akustik wird die Kirche vermehrt für neue, die musikalische Komponente betonende Gottesdienstformen genutzt.

Das Gemeindezentrum **St. Maria in den Benden** (s. Übersichtskarte; Dechenweg 40) wurde Ende der 1950er von Emil Steffann entworfen. Die um einen quadratischen Innenhof gruppierte Anlage erzielt durch die weitgehend geschlossenen Klinkerflächen und den zum Flemingweg als flaches Satteldach erscheinenden Abschluss eine monumentale, aber schlichte Außenwirkung. Der die nordöstliche Hofseite einnehmende Kirchenbau zeigt einen querrechteckigen Grundriss mit mittig angefügter breiter Konche. Der weitgehend geschlossene Innenraum wird über eine zum Hof zu öffnende und so den Innenraum nach außen erweiterbare Glaswand belichtet. Das hölzerne Pultdach fällt nach Nordosten kontinuierlich ab und verstärkt die einheitliche Raumwirkung mit Konzentration auf den vor der Konche platzierten Altar.

Schloss Eller (s. Übersichtskarte; Heidelberger Straße 42) erhebt sich an der Stelle einer als Adelssitz dienenden mittelalterlichen Burganlage. Nach Besitzerwechsel war diese Mitte des 15. Jh.s durch eine größere Wasserburg ersetzt worden. Im Zuge von Abrissarbeiten im 19. Jh. blieb nur deren Turm erhalten. Um 1825 wurde das wahrscheinlich von Adolph von Vagedes entworfene, klassizistische Herrenhaus errichtet und der angeschlossene Park angelegt. Anfang des 20. Jh.s kam es zu weiteren Baumaßnahmen am Hauptgebäude und zur Errichtung einzelner von Josef Kleesattel entworfener Nebengebäude. Ende der 1960er und um 2009 erfolgten grundlegende Renovierungsarbeiten. Seit 2008 wird die Anlage von der Stadttochter »Industrieterrains Düsseldorf-Reisholz AG« (IDR) verwaltet. Das zweigeschossige Herrenhaus zeigt einen übergiebelten Mittelrisalit mit rundbogigen Öffnungen. Hinter dem Risalit erhebt sich der Dachreiter des Turms der vorigen Wasserburg. Die Nebengebäude im Westen sind mit Zierfachwerk, kleinen Erkern und Rundtürmen gestaltet.

St. Augustinus (s. Übersichtskarte; In der Elb 2A) wurde in den 1960ern nach Plänen von Emil Steffann und Nikolaus Rosiny errichtet. Die nach außen fensterlose backsteinverkleidete Kirche erhebt sich wie ein monolithischer Block über einem annähernd quadratischen Grundriss. Das Innere beinhaltet neben einem winkelförmigen Kirchenraum ein übereinander angeordnetes Ensemble aus Sakristei und Pfarrraum. Strukturierung und Belichtung erfolgen über einen zentral angeordneten, rechteckigen Innenhof mit backsteinverkleideten Pfeilern und verglasten Wänden.

Das sog. **Haus Henkel** (Henkelstr. 67 in Holthausen; s. Übersichtskarte) ließ der in Aachen gegründete und Ende des 19. Jh.s in Düsseldorf ansässige Chemiekonzern Henkel 1925–27 nach Plänen seines Hausarchitekten Walter Furthmann errichten. Zuvor hatte der in Stahlskelettbauweise errichtete Backsteinbau auf dem Gelände der GeSoLei (S. 142) als Ausstellungsgebäude gedient. Die in die Werksfront an der Henkelstraße integrierte Seite wird durch verschiedene, gestaffelt ineinandergeschobene Kuben bestimmt. Das markanteste Element des Baus ist der den westlichen Abschluss bildende Uhrenturm. Die Fassaden werden durch rundbogige und hochrechteckige Fenster mit weißen Rahmungen sowie flächige Verkleidungen, Bänderungen und Gesimse aus Naturstein gegliedert. Die Strukturierung der Backsteinflächen erfolgt über verschiedene Zierverbände. Beim Wiederaufbau des ursprünglichen Ausstellungsgebäudes wurden im Innenraum eine Geschossdecke und mehrere Zwischenwände eingezogen, um mehrere kleine Räume zu schaffen.

Schloss Elbroich (s. Übersichtskarte; Am Falder 4 in Holthausen): Die ältesten Teile wurden um 1600 errichtet. 1748 kam es zum Bau neuer Wirtschaftsgebäude und eines Torhauses. Die ursprünglich den Schlossbau umgebenden Gräben und Teiche wurden mit der wenige Jahre später erfolgten Umleitung der Itter im Zuge der Anlage des Benrather Parks durch Nicolas de Pigage trockengelegt. Anfang 1900 wurde das ehem. Wasserschloss saniert und die angrenzende Parkanlage in einen englischen Landschaftsgarten umgestaltet. 1928 erfolgte der Bau eines neuen Pförtnerhauses. Die drei Trakte des zweigeschossigen Hauptkomplexes sind winkelförmig um einen Ehrenhof angeordnet. Am Übergang vom Hauptflügel zum Nordtrakt befindet sich ein niedrigerer Vorbau mit durchfenstertem Turmerker. Die Gliederung der Backsteinfassaden erfolgt über verschiedene Erker, hochrechteckige Sprossenfenster mit weißer Rahmung und Natursteinbalustraden. Das abschließende nordöstlich gewalmte Satteldach wird von mehreren Dachhäuschen und -erkern durchbrochen. Nachdem das Schloss längere Zeit caritativen Zwecken diente, werden die Räumlichkeiten heute von einem Consultingunternehmen genutzt.

Die Pfarrkirche **St. Nikolaus** im Stadtteil Himmelgeist (s. Übersichtskarte; Nikolausstr. 22) ist eine der ältesten Kirchen Düsseldorfs. Sie entstand Mitte des 12. Jh.s zunächst als turmlose Pfeilerbasilika. Ende des 12. Jh.s wurde sie um ein Chorhaus mit halbrunder Apsis erweitert. Im 13. Jh. wurde der Westturm errichtet sowie das ursprünglich flachgedeckte Mittelschiff erhöht und mit einem frühgotischen Kreuzrippengewölbe versehen. Im 14. und 15. Jh. folgte der Anbau der beiden Sakramentshäuschen. Nach außen zeigt sich der Bau als kompakt gestaffelte Anlage. Rundbogige und kleeblattförmige Fenster, Lisenen und Rundbogenfriese gliedern die Fassadenwände. Im Westen veranschaulicht der unmittelbar an die Obergadenwand angefügte Westturm den Übergang zur dritten Bauphase. Das erste Geschossgesims am Turm visualisiert die ursprüngliche Höhe des Mittelschiffs aus dem 12. Jh. Der Innenraum wird durch den Turmraum mit eingezogenem Stützbogen, teilweise durchschnittene Mittelschiffarkaden und die abschließenden Apsiden strukturiert. Die mehrfarbig gestalteten Bögen der Arkaden, Obergadenfenster und auf Konsolsteinen ruhenden Kreuzrippengewölbe betonen die additive Struktur des Baus.

Schloss Mickeln (s. Übersichtskarte; Alt-Himmelgeist 25) wurde 1839–42 nach Plänen des Architekten Josef Niehaus errichtet. Als Vorbild fungierten Stiche von Villen des Architekten Galeazzo Alessi aus dem 16. Jh. Die Gestaltung der von Linden gesäumten Einfahrt und der angrenzenden Parkanlage geht auf Maximilian Friedrich Weyhe zurück. Der dreigeschossige Bau mit quadratischem Grundriss zeigt vier weitgehend identische Fassaden. Nur leicht vorkragende, einachsige Eckrisalite rahmen die dreiachsigen Mittelteile. Die verputzten Fassadenwände werden durch rundbogige Fenster bzw. Portale im EG und hochrechteckige, teilweise mit Schmuckgiebeln versehene Fenster in den Obergeschossen durchbrochen. Als Gliederungselemente dienen die beide Obergeschosse zusammenfassende Kolossalpilaster, Geschossgesimse und ein Metopen-Triglyphen-Fries unterhalb der Traufline des abschließenden Zeltdachs. Der Innenraum folgt einer weitgehend symmetrischen Aufteilung mit einleitendem Vestibül im Norden. Nach umfassender Restaurierung blieb der klassizistisch-historistische Dekor der Innenräume teilweise erhalten. Seit 2000 wird das Schloss von der Heinrich-Heine-Universität als Tagungszentrum und Gästehaus genutzt.

Schloss Benrath (s. Übersichtskarte; Benrather Schlossallee 100–106) wurde 1755–73 für Kurfürst Karl Theodor von

Das alte Schloss Benrath; Gemälde von Jan van Nickelen, 1715

der Pfalz am Standort eines vorherigen Wasserschlosses aus dem 17. Jh. errichtet. Der Bau und die zugehörige Parkanlage wurden von dem in Paris ausgebildeten Nicolas de Pigage konzipiert. Als in die Natur eingebettetes Lust-, Jagd- und Residenzschloss sollte es verschiedene Funktionen vereinen. Das Rokoko-Ensemble setzt sich an der Empfangsseite aus fünf isoliert stehenden Baukörpern zusammen, welche die südliche Hälfte des abgerundeten Schlossweihers umfassen. Die hintereinander gestaffelte Anordnung folgt einem symmetrischen Aufbau. Die Mittelachse wird von dem erhöht stehenden, zurückversetzten Corps de Logis eingenommen. Dieses wird von nach vorn gerückten, dreiflügeligen Communs flankiert. Den nördlichen Abschluss bilden zwei kleine, nach außen gerückte Torhäuser. Die Mittelachse wird am Corps de Logis durch einen flachen, dreiachsigen Mittelrisalit mit dreieckigem Wappengiebel betont. Die altrosa verputzte Fassade ist durch hochrechteckige Fenster bzw. Fenstertüren mit rundbogigen und geschweiften Oberlichtern sowie pilasterartige Wandvorlagen und Gesimse aus Naturstein gegliedert. Den Abschluss bildet ein glockenförmiges Dach mit Dachgauben in Form von dekorativ gerahmten Ochsenaugen. Die ähnlich gegliederte, aber bewegter gestaltete Südseite verfügt über einen polygonal auskragenden Mittelrisalit mit vollplastischer *Dianagruppe* als Bekrönung. West- und Ostfassade folgen ebenfalls dem dreiteiligen, symmetrischen Aufbau und fungieren in ihrer Gestaltung als Vermittler zwischen Nord- und Südfassade. Hinter der nach außen eingeschossigen Fassade verbirgt sich im **Innern** ein über vier Geschosse verlaufendes, komplexes System von über 70 Räumen, zwei Lichthöfen und mehreren Treppenhäusern. Die Basis bildet eine Grundstruktur aus zwei symmetrisch angelegten Wohnbereichen: einem für den Kurfürsten und einem für dessen Ehefrau. Die festliche Eingangshalle, das Vestibül, und der Kuppelsaal nehmen die Mittelachse ein. Der Wohnbereich im EG ist nach französischem Vorbild als Appartement double angelegt. Die außen liegenden Haupträume sind über Tapetentüren mit jeweils einer inneren Raumfolge von Dégagements verbunden. Diese kleineren Nebenräume sind um jeweils einen Lichthof mit ovalem Grundriss arrangiert. Die aufwendige Innenausstattung zeigt sich überwiegend noch im Originalzustand. Das Schloss beherbergt heute das Museum für Gartenkunst (S. 184) und das Naturkundemuseum (S. 184).

Schlossgarten: Thematisch an Architektur und Ausstattung orientiert liegen Obst- und Gemüsegarten im Osten und der Jagdpark im Westen. Die von Vestibül und Kuppelsaal geprägte Mittelachse wird südlich im Schlosspark in Form eines fast 500 m langen Spiegelweihers fortgeführt. Teile des Gartens wurden im 19. Jh. von Maximilian Friedrich Weyhe und Peter Joseph Lenné umgestaltet. Schlossweiher, Schlosspark und Schlossarchitektur scheinen zu einer Einheit zu verschmelzen.

Die **evang. Kirche in Urdenbach** (Urdenbacher Dorfstr. 15; s. Übersichtskarte) wurde Ende des 17. Jh.s für die reformierte Gemeinde errichtet. Der weiß verputzte Baukörper erhebt sich über einem rechteckigen Grundriss und wird von einem Walmdach mit Dachreiter bekrönt. Die Gliederung der Fassade erfolgt über große Rundbogenfenster sowie grau gefasste Fensterrahmungen, Pilaster und Gesimse. Zu erschließen ist der Bau über zwei jeweils an den Schmalseiten gelegene Rundbogenportale. Innen zeigt sich die Predigtkirche als quergelagerter Saalbau mit Kanzel und Altar an der Längsseite. In die Mitte der großen Rundbogenfenster sind farbige Glasmalereien mit den Wappen der Stifter eingelassen.

Das **Kath. Gemeindezentrum** in der Ricarda-Huch-Straße (in Garath, s. Übersichtskarte) wurde in den 1960ern im Zuge der Neuentwicklung des Stadtteils nach Plänen von Gottfried Böhm errichtet. Der Komplex setzt sich aus einem verschachtelten, riegelartigen Altenheimgebäude, der daran angrenzenden Hildegardis-Kapelle und der Kirche St. Matthäus zusammen. Der sich in zahlreiche Einzelkompartimente gliedernde zweigeschossige **Hauptbau** – das Altenheim – bildet als westliche Rahmung der Anlage mehrere hofartige Freiflächen aus. Die unregelmäßig gestaffelten, vor- und zurückspringenden Baukörper kennzeichnen die einzelnen Wohneinheiten als eigenständige Elemente und erzeugen am Außenbau vielfältige Perspektiven. Die additive Struktur des Komplexes wird durch die kontrastierende Gestaltung der Wandflächen in rotem Ziegel und Sichtbeton weiter betont. Im Inneren wird die kommunikative Struktur der Außenflächen fortgeführt. Die Wohneinheiten sind entlang eines unregelmäßigen Korridors mit einzelnen Verweilflächen aneinander gestaffelt und auch zum Flur hin mit Fenstern versehen. Der nach außen kantig-skulptural erscheinende, aufgeständerte Betonbau der **Hildegardis-Kapelle** kann vom OG des Hauptbaus erschlossen werden. Das symbolische Zentrum des Komplexes bildet die am nordöstlichen Abschluss gegenüberliegende, freistehende Kirche **St. Matthäus**. Ihr Außenbau zeigt sich als vielfältig verschachteltes Volumen mit fortifikatorisch wirkender Sockelzone. Der wehrhafte Charakter wird noch durch mehrere, meist in den Ecken liegende, runde Türme und Turmsegmente unterschiedlicher Ausmaße verstärkt. Die Wandflächen der unregelmäßig durchfensterten, ineinander geschachtelten Volumina werden über die roten Ziegel und den Sichtbeton mit dem langgestreckten Hauptbaukörper in Beziehung gesetzt. Den oberen Abschluss bildet ein unregelmäßig von vier Erkern durchbrochenes Zeltdach. Einzelne Sichtbetonflächen wurden im Zuge einer 1989 erfolgten Sanierung in Rot, Blau und Weiß gestrichen. Der ebenfalls farblich umgestaltete Innenraum erzeugt über die ineinander verschachtelten Volumina und die kontrastreiche Lichtregie eine verunklärende, expressive Wirkung und steht damit paradigmatisch für Böhms Architektur jener Zeit.

Die Ursprünge von **Schloss Garath** (s. Übersichtskarte; Garather Schlossallee 19) reichen bis zu einer mittelalterlichen Burganlage des Rittergeschlechts von Garderode zurück. Im 17. Jh. wurde ein Schloss errichtet, das jedoch 1912 weitgehend durch die heutige Anlage ersetzt wurde. Der von Max Wöhler entworfene, zweigeschossige Neubau wird an der Eingangsfassade von einem zentralen Portikus und zwei Ecktürmen strukturiert. Die Gartenfassade zeigt einen größeren, konvex auskragenden Portikus und einen nordöstlich integrierten, vom Vorgängerbau stammenden Turm mit geschweiftem Helm. Das Schloss wird heute von verschiedenen Beratungs- und Dienstleistungs-Unternehmen gewerblich genutzt. Der im 18. Jh. als Landschaftsgarten angelegte Park wurde im 20. Jh. erweitert. Er beherbergt eine ebenfalls von Wöhler entworfene Schlosskapelle.

Der Osten

Vom Hauptbahnhof nach Flingern

Hauptbahnhof (1 F7): Das technisch-sachlichen Gestaltungsprinzipien folgende Bahnhofsgebäude wurde 1932–36 im Zuge von Umbau- und Erweiterungsmaßnahmen an den Gleis- und Bahnsteiganlagen errichtet. Der Entwurf Eduard Behnes' sah einen langgestreckten Baukörper mit mittig platzierter, über eine leicht nach hinten versetzte Attikazone erhöhter Eingangshalle und einem westlich ansetzenden quaderförmigen Uhrenturm vor. Die mit rot-braunem Klinker verkleidete Fassade des Stahlbetonskelettbaus wird durch rasterförmig gereihte, hochrechteckige Fenster und vertikale Fensterbahnen gegliedert. Fensterrahmungen und Gesimse sind in Naturstein ausgeführt. An der Eingangshalle wurden die Fenster zu einer großen Glasfläche zusammengefasst. Das hier ansetzende Vordach kragt seitlich jeweils bis zur zweiten Achse der Nebenbaukörper aus (auf dem Vordach befindet sich seit 2018 der anlässlich des Projekts »Von fremden Ländern in eigenen Städten« von Paloma Varga Weisz entworfene, zum Himmel blickende goldene *Beulenmann*). Im Zuge einer Erweiterung der Gleisanlagen und des Baus einer U-Bahn-Station unterhalb des Bahnhofs erfuhr das Empfangsgebäude wie auch andere Bereiche in den 1980ern eine Umgestaltung. In den 2020ern wurde der Bahnhof samt Vorplatz und näherer Bahnhofsumgebung erneut einer Neukonzeption unterzogen, was auch den Bau eines neuen Hochpunktes beinhaltete. Eine der Wettbewerbsvorgaben sah vor, die von Eduard Behnes konzipierte Fassade zu erhalten, das Innere aber gemäß einer neuen Kundenorientierung und hinsichtlich neuer Bewegungsflüsse zu optimieren. Der dem Bahnhof vorgelagerte Konrad-Adenauer-

Platz sollte zusätzlich zu seinen verkehrstechnischen Funktionen zu einem Ort des Verweilens werden. Nördlich an den Bestandsbau wurde von dem Büro Mono Architekten ein neuer Hochpunkt entwickelt, der die Architektursprache des Bahnhofs transformiert aufgreifen soll.

Mit dem **KAP 1** (I F6) schräg gegenüber dem Bahnhof konnte bereits 2021 ein neues kulturelles Zentrum eröffnet werden. Der von RKW Architektur + entworfene Bau wurde in ein ehem. Postgebäude integriert und vereint verschiedene Nutzungsformen, wie Zentralbibliothek, Theater und Theatermuseum.

Der **Bertha-von-Suttner-Platz** (IV F7) entstand im Zuge der Umbaumaßnahmen am Hauptbahnhof in den 1980ern als zweiter Bahnhofsvorplatz an der Ostseite auf dem Gelände eines ehem. Stahlwerks. Die Architektur von Platz und sieben- bis zwölfgeschossiger Umgebungsbebauung beruht auf Plänen der Architekten Harald Deilmann, Heinz Kalenborn und Friedrich Spengelin. Die Erschließung erfolgt vom Bahnhof her über drei tonnengewölbte gläserne Arkaden an der nordwestlichen Ecke des quadratischen Platzes. Diese zitieren zusammen mit der Uhr an der sich darüber erhebenden gläsernen Wandfläche in stilisierter Form die Gestalt der Eingänge der vorangegangenen Bahnhofsbauten aus dem 19. Jh. Die Arkaden gehen in einen ähnlich gestalteten, pergolaartigen Laubengang über, der den Platz oktogonal rahmt und an den übrigen Ecken über weitere Gänge zu den umliegenden Straßen führt. Die den Platz dicht umschließenden Gebäude beherbergten ursprünglich auch die zentrale Stadtbücherei, die seit 2021 im KAP 1 am Konrad-Adenauer-Platz 1 ansässig ist. Die Gliederung der postmodernen Fassaden erfolgt über rasterartig angeordnete, teilweise mit Sandsteinbändern abgesetzte Fensterreihen. Die Zugänge des Laubengangs werden an den sich dahinter erhebenden Fassaden durch hoch aufragende, rundbogig abschließende Öffnungen triumphbogenartig betont. Eine zusätzliche Akzentuierung erfährt die Form der gestelzten Rundbögen durch weiße Rahmenelemente und seitlich verlaufende, schmale Fensterbänder. Auf dem mit Granitplatten versehenen Platz befinden sich auf Plattformen in einem Wasserbecken drei große Edelstahl-Skulpturengruppen von Horst Antes aus dem Jahr 1987: *Der Ring*, *Die Fresser* und *Die Insel*. Dem Betrachter dieser archaisch anmutenden stilisierten Wesen und Objekte ergeben sich aus verschiedenen Richtungen unterschiedliche Interpretationen der einzelnen Szenen und Elemente.

Zur besseren Anbindung des Hauptbahnhofs und seines Parkhauses wurde nördlich des Bertha-von-Suttner-Platzes die Ludwig-Erhard-Allee und südlich die Willi-Becker-Allee gebaut. Auf einer Verkehrsinsel in der **Ludwig-Erhard-Allee** (IV F7) befindet sich seit 2006 die von Bogomir Ecker geschaffene Plastik *Nur oben*. Signalrot und an einen Verkehrsturm erinnernd, wurde sie aus drei ineinandergestülpten, durchlöcherten Zylinderformen und Doppel-T-Trägern hergestellt; sie konterkariert das architektonisch gesichtslose, nüchterne Umfeld. Am Ende der Straße befindet sich auf der gegenüberliegenden Straßenseite das von den MaJo Brothers 2011 geschaffene Wandbild *Der Gelbe Affe*, das so aussieht, als würde es gerade von vier kleineren Affen produziert.

Das **Internationale Handelszentrum** (IHZ; IV G7) wurde Anfang der 1990er im Zuge einer städtebaulichen Aufwertung des ehem. Industrieareals errichtet. Neben einem Hotel beinhaltet der Gebäudekomplex Wohnungen, Büros und Bereiche für Einzelhandel, Gastronomie sowie Ausstellungen. Nördlich grenzt er an eine ab 1997 konzipierte, durch weitläufige Rasenflächen und einen zentralen See geprägte Parkanlage. Das IHZ umfasst verschieden hohe, teilweise einander durchdringende Baukörper mit geraden und geschwungenen Außenwänden.

Die grundlegende Form orientiert sich an dem zwischen Kölner und Werdener Straße im spitzen Winkel zusammenlaufenden Grundstück. Die Grundrisskontur bildet ein an dieser Spitze konkav abgeschnittenes Segment in der angenäherten Form eines Viertelkreises. Diese Viertelkreiskontur wird von verschiedenen Riegelbauten durchdrungen. Eine von Nord nach Süd verlaufende Passage fungiert als Anbindung des Oberbilker Marktes an die nördliche Parkanlage. Bei dem östlich gelegenen Hotelkomplex dient ein zentraler zylinderförmiger Baukörper als vermittelndes Element zwischen dem der Viertelkreiskontur folgenden niedrigen Baukörper und dem sich parallel zur Passage erstreckenden höheren Riegelbau. Der Bereich östlich der Passage wird von einer gläsernen Dachfläche bestimmt. Diese greift über die Passage hinaus und dient so als Verbindung der östlichen und westlichen Baukörper. Zu erschließen ist der Komplex über die Passage sowie Eingänge an der Werdener und Kölner Straße, die durch schlanke Rundpfeiler mit abschließendem Flachdach akzentuiert sind. Die Gliederung der einzelnen verspringenden Fassadenelemente erfolgt über rasterförmig und teilweise versetzt angeordnete Fensterflächen sowie partiell geschossübergreifende Rundpfeiler. Auch dadurch lässt sich der Komplex als beispielhaft für die Verbindung klassisch moderner und postmoderner Gestaltungsprinzipien begreifen.

St. Josef (IV G8): Die vom Franziskanerbruder Paschalis Gratze konzipierte kath. Kirche wurde Anfang der 1870er errichtet. Ab 1879 wurde der Turm oberhalb des Dachs nach Plänen von Caspar Clemens Pickel vollendet. Der Architektenwechsel ist am Außenbau durch den Kontrast zwischen dem breit gelagerten, niedrigen Hauptbau und dem hoch aufragenden, aufwendiger gestalteten Turm zu erkennen. Die Gliederung der Fassade des neogotischen Backsteinbaus erfolgt über Portal- und Fensterrahmungen, abgetreppte Strebepfeiler und zurückhaltende Bauornamentik in Naturstein. Der Grundriss des vor den Hauptbau gesetzten Turms wird in der Höhe des Mittelschiffdachs in ein Oktogon überführt, wobei vier Ecktürmchen vermitteln. Neben den geschossübergreifenden Türmchen fungieren spitzbogige Blendfenster, Gesimse, Dreiecksgiebel und eine Maßwerkbalustrade als Gliederungselemente. Innen zeigt sich die Kirche als dreischiffige Basilika mit polygonal abschließendem Staffelchor. Der dreizonige Wandaufbau hat eine Gliederung aus spitzbogigen Arkaden, dreiteiligem Triforium und Obergadenzone mit Kreuzrippengewölbe. Als Bauschmuck dienen Maßwerk sowie skulptural gestaltete Kapitelle und Konsolen. Insgesamt lässt die Architektur einen dem asketischen Ideal frühgotischer Ordensarchitektur verpflichteten Gestaltungswillen erkennen.

Der Bezirk rund um die **Kiefernstraße** (IV G–H7) bildet das Epizentrum Düsseldorfer Street-Art. Die Fassaden der Häuser wurden bereits in den 1980er Jahren von linksalternativen Hausbesetzern fantasievoll bemalt und seither immer wieder ergänzt.

Die **Wohnanlage** an der Ruhrtalstraße 19 (IV H6) wurde 1907 nach einem Entwurf von Fritz Hofmeister errichtet. Das dreigeschossige Gebäude ist ähnlich einer Dreiflügelanlage um einen kleinen Vorhof mit Garten angelegt. Die Symmetrie wird durch den zentral ansetzenden schlichten Schweifgiebel am Hauptbaukörper und die jeweils an den Ecken der seitlichen Baukörper befindlichen turmartigen Runderker betont. Die Gliederung der Wandflächen erfolgt durch hochrechteckige und rundbogige Fenster, Gesimse und vereinzelt Natursteinverkleidung im Sockelbereich. Die drei Baukörper sind getrennt jeweils über einen eigenen Eingang zu betreten. Die Innenräume konnten aufgrund der Stahlbetonbauweise funktional aufgeteilt werden und verfügen jeweils über ein eigenes Fenster. In der Gestaltung der Anlage lässt sich somit eine Ver-

Hauptverwaltung der Stadtwerke Düsseldorf

bindung von funktionalen und repräsentativen Elementen ausmachen.

Die **Hauptverwaltung der Stadtwerke Düsseldorf** (IV H6) besteht in der heutigen Form seit 2000/01. Grundlegend für das vom Büro Ingenhoven Overdiek und Partner (IOP) entwickelte Konzept war die Integration der unter Denkmalschutz stehenden Fassaden des alten Kraftwerks Flingern II. Die beiden zum ehem. Kraftwerk gehörigen Backsteingebäude – das Schalthaus und die alte Turbinenhalle – wurden dazu über eine schmale Glasfuge an den Längsseiten verbunden. Das am westlichen Ende gelegene Schalthaus verjüngt sich nach Norden in seiner Grundfläche. Die Gliederung seiner Fassade erfolgt durch ein Sockelgeschoss in Naturstein, hochrechteckige Fenster und Lisenen. Das mit Flachdach abgeschlossene Walmdach wird durch mehrere Gauben durchbrochen. Als ikonischer Blickfang des Außenbaus fungiert die benachbarte, ähnlich strukturierte Turbinenhalle mit abgerundetem Giebel und verglaster Dachzone an den Längsseiten. An die Turbinenhalle reihen sich östlich vier die Tiefe und Traufhöhe aufgreifende, fünfgeschossige Riegelbauten. Die vier teils zweibündigen Verwaltungsbauten werden über verglaste Innenhöfe verbunden. Eine alte Kesselanlage und ein Kohlenelevator des ehem. Kraftwerks wurden in die Innenhöfe des Ensembles integriert.

St. Vinzenz (IV H6) wurde 1926–27 nach einem Entwurf von Hermann Schagen als kath. Kirche errichtet und später mehrfach wiederaufgebaut. Der Ziegelbau erhebt sich über einem kreuzförmigen Grundriss mit Querhaus, abschließender Apsis und flankierenden Anbauten. Die Gliederung der Fassade erfolgt über Rundbogenfenster, runde Blendfenster, Bogenfriese und schlanke, rechteckige Wandvorlagen. Die Eingangsfassade wird durch einen diagonal in die Spitze des Dreiecksgiebels gesetzten Dachreiter bestimmt. Innen zeigt sich der Bau als Wandpfeilerkirche mit Tonnengewölbe und triumphbogenartig inszeniertem Chorbereich.

Weitere Ziele im Osten und Nordosten

Die kath. Kirche **St. Reinold** (s. Übersichtskarte; Pastor-Finke-Weg 1) wurde Mitte der 1950er nach Plänen von Josef Lehmbrock errichtet. Der langgestreckte, sich nach Osten leicht verjüngende und spitz zusammenlaufende Baukörper wird mit einem flachen, nicht vorkragenden Satteldach abgeschlossen. Die Eingangsfassade wird durch eine große, unregelmäßig gestaltete, stilisierte Fensterrose nobilitiert. Als Hauptgliederungselemente der Langseiten fungieren die Pfeiler des sichtbar gelassenen Stahlbetongerüsts. Die ursprünglich aus Beton bestehende horizontal verlaufende Lamellenausfachung wurde in den 1970er Jahren durch Aluminiumelemente ersetzt. Innen zeigt sich der Bau als einschiffiger Saalbau. Das durch die Lamellen partiell eintretende, flimmernde Licht, die sich kreuzenden Binder und die Fensterrose an der Eingangsfassade transformieren gotische Stilelemente.

St. Margareta (s. Übersichtskarte; Gerricusplatz) wurde um 1220–30 als Stiftskirche unter dem Patrozinium des Hl. Hippolyt errichtet. Nach Auflösung des Stifts übernahm Anfang des 19. Jh.s die Gerresheimer Gemeinde die Kirche, was mit einer Umwidmung einherging. In der zweiten Hälfte des 19. Jh.s kam es zu umfangreichen Sanierungsmaßnahmen. Der Außenbau der spätromanischen Kirche wird durch den basilikal gestaffelten Aufbau und den achteckigen Vierungsturm bestimmt. Als Gliederungselemente fungieren schmale Rundbogenfenster, kleine runde, vier- und achtpassförmige Fenster, farbig gefasste Lisenen und Bogenfriese. Über den Bi- und Triforien des Vierungsturms setzen Dreiecksgiebel an, die ins Faltdach überleiten. Der Zugang erfolgt über ein säulengeschmücktes, rundbogiges Hauptportal an der Westfassade und einen kleineren Nebeneingang am südlichen Seitenschiff. Innen zeigt sich der Bau als dreischiffige Basilika mit leicht auskragendem Querhaus und halbrund abschließendem Chor. Das dreijochige Langhaus folgt in seiner Gliederung dem gebundenen System. Die Wände werden durch spitzbogige Pfeilerarkaden, ein vierteiliges, zweischaliges Triforium und ein mittig darüber aufsteigendes Obergadenfensterpaar gegliedert. An den Hauptpfeilern angeordnete rechteckige Wandvorlagen und Eckdienste leiten zum kuppelartig gebusten Kreuzrippengewölbe über. Die einheitliche Gestaltung und intelligente Strukturierung der Elemente, die teils schon frühgotische Einflüsse erkennen lassen, kennzeichnen den Bau als herausragendes Beispiel des rheinischen Übergangsstils.

Das **Stiftsgebäude St. Margareta** an der Gerricusstraße war einst Teil einer Bebauung, die nördlich an die Stiftskirche grenzte, um einen Kreuzganghof angelegt war und vermutlich kurz nach Fertigstellung der Kirche entstand. Anfang des 19. Jh.s wurden drei der einst vier Flügel abgerissen, und in den 1960ern kam es zu einer umfangreichen Restaurierung des erhalten gebliebenen Osttrakts. Der zweigeschossige Bau dient heute als Gemeindezentrum. Er wird durch von Rundbogenblenden eingefasste Rechteckfenster gegliedert. An der ursprünglich zum Hof weisenden Fassade öffnet er sich mit arkadenförmig zusammengefügten Triforien zum Außenraum. Der hier in das Gebäude integrierte Kreuzgang wird von einem Kreuzrippengewölbe überfangen. Hinter dem Kreuzgang erstreckte sich ursprünglich das heute in Eingangshalle, Sakristei und Kapelle unterteilte Refektorium, während im OG das heute als Gemeindesaal dienende Dormitorium untergebracht war.

Der **Quadenhof** (s. Übersichtskarte; Gerricusplatz 23) ist im Düsseldorfer Raum einer der wenigen erhaltenen profanen Backsteinbauten aus dem späten Mittelalter. Er wurde 1427–36 als wehrhafter Adelssitz mit umgebendem Wassergraben errichtet und gelangte 1458 in den Besitz der namensgebenden Familie Quad von Raede. Im 17. Jh. wurde der Bau um einen achteckigen Dachreiter und in Fachwerk errichtete Anbauten ergänzt. 1927 erfolgte die Umgestaltung zu einem Wohnungsbau mit zehn Einheiten. Der Außenbau wird durch die über rechteckigem Grundriss aufsteigenden Backsteinflächen und das abschließende, steile Satteldach geprägt. Ein nur leicht vorkragender Mittelrisalit wird von einem dreieckigen Zwerchgiebel bekrönt. Aus dem 15. Jh. sind noch einzelne Kreuzstockfenster erhalten.

Die **Hanielgarage** (s. Übersichtskarte; Grafenberger Allee 258) wurde in den 1950er Jahren von Paul Schneider-Esleben entworfen. Der von Franz Haniel beauftragte, ursprünglich außerhalb der Innenstadt gelegene Baukomplex sollte vor dem Hintergrund eines erhöhten Verkehrsaufkommens die Funktionen von Parkhaus und Motel vereinen. 1994 wurde der Komplex gemäß den geänderten Nutzungsanforderungen umgebaut. Die Gestalt des sich über einem rechteckigen Grundriss erhebenden viergeschossigen Garagenbaus beruht auf einer Stahlbetonrahmen-Konstruktion mit vorgehängter Glasfassade. Diese wird durch ein System aus türkisfarbenen, filigranen Stahlprofilen strukturiert. Geschossweise leicht vorkragende Deckenplatten dienen als horizontale Gliederungselemente. An schlanke, in den vorkragenden Pultdächern verankerte Stahlstreben sind außenliegende, mehrläufige Rampen aufgehängt. Der benachbarte, ursprünglich als Motel konzipierte Flachbau ist auf einem asymmetrisch gestalteten System von Pylonen aufgeständert. Die Erschließung des weitgehend verglasten OG erfolgt über zwei Außentreppen und einen Laubengang. Die Garage wird heute als Autohaus genutzt, der Motelbau gastronomisch. Das Ensemble steht paradigmatisch für die funktionale und gleichzeitig ästhetisch anspruchsvolle Architektur der Nachkriegszeit.

Die evang. **Matthäikirche** (III G4) wurde Anfang der 1930er Jahre nach Plänen von Karl Wach und Heinrich Rosskotten errichtet. Der mit dunkelrotem Klinker verkleidete Außenbau wird durch kubische Formen bestimmt. Die Gliederung erfolgt über schmale, teilweise bandartig gestaltete Rechteck- und einzelne Rundfenster. Farbliche Kontraste schafft der helle Naturstein an den Fensterrahmungen, Rechteckpfeilern und der vertikalen Einfassung der Schallöffnungen am Turm. Als Gegengewicht des nördlich an die Hauptfassade ansetzenden, leicht abgerückten Rechteckturms fungiert der portikusartig gestaltete Eingangsbereich mit seinen monumentalen Pfeilern an der südlichen Ecke. Innen zeigt sich die Kirche als längsrechteckiger Saalbau mit Vorhalle, nördlich angefügtem Seitenschiff und östlich abschließender Apsis. Die weiß verputzten Wände und die durchgehende Holzbalkendecke schaffen eine vereinheitlichende Raumwirkung.

Pauluskirche (III G4): Ein Vorgängerbau der kath. Kirche wurde 1910–13 nach Plänen von Josef Kleesattel errichtet. Nach Kriegszerstörungen kam es Anfang der 1950er zu einem von Hans Schwippert geleiteten Neubau unter Einbezug einzelner, erhalten gebliebener Bauelemente des ursprünglichen Gebäudes. Während die neoromanische Doppelturmfassade durch Rundbogenfenster, Pilaster, Gesimse und verschiedene Friesarten gegliedert wird, erfolgt die Strukturierung der neuerrichteten, basilikal gestaffelten Langseiten durch rasterförmig angeordnete Rundfenster. Innen zeigt sich der Bau als dreischiffige Basilika. Auffällig erscheint die Schalendecke aus Quertonnen. Östlich mündet das Mittelschiff in einen flachen Chorabschluss mit flankierenden Seitenkapellen. Die Gliederung der Hauptschiffwände erfolgt durch stilisierte Kolonnaden mit runden Marmorpfeilern und eine zweireihige Obergadenzone. Durch die Nutzung stereotyper Grundformen wurden die (neo-)romanischen Prinzipien des Vorgängerbaus modern interpretiert.

Ehem. **ARAG-Hauptverwaltung** (III G1): Die Hauptidee des Mitte der 1950er Jahre von Helmut Rhode konzipierten Baus beruht auf der Grundform eines Dreisterns mit konkav eingeschwungenen Seiten. Während die flach abschließenden Stirnseiten von klinkerverkleideten Wandflächen dominiert werden, öffnet sich die geschwungene Fassadenfläche über großflächige, rasterförmig gegliederte Fensterzonen. Einen farblichen Kontrast schaffen die mit hellblauen Mosaiken versehenen Brüstungsfelder. Nach oben wird der achtgeschossige Bau von einem Staffelgeschoss mit vorkragendem Flachdach abgeschlossen. Als markantestes Gestaltungselement des Innern fungiert die um eine offene Spindel angeordnete Wendeltreppe mit ihrem für die Entstehungszeit charakteristischen Geländer aus filigranen Rundstäben.

Der **ARAG-Tower** (III G1) am sog. Mörsenbroicher Ei am nördlichen Rand des Düsseldorfer Stadtzentrums markiert einen der meistbefahrenen Verkehrsknotenpunkte Deutschlands. Das 32-geschossige Hochhaus wurde Anfang des 21. Jh.s nach Entwürfen der Büros Foster + Partners und Rhode Kellermann Wawrowsky (RKW) errichtet. Es erhebt sich über einem annähernd rechteckigen Grundriss mit konkav eingeschwungenen Stirn- und konvex ausschwingenden Längsseiten. Die Längsseiten der Fassade werden durch seitlich aufsteigende Wandflächen mit Fensterzonen gegliedert. Bei den rasterförmig strukturierten Fensterflächen sind jeweils sechs bis acht Geschosse zu vier Geschossstapeln zusammengefasst. An den schmalen Stirnseiten wird der Bau durch vertikal organisierte Fensterbänder bestimmt. Die Erschließung erfolgt über einen mittig in die Ostfassade integrierten Eingang, der von einem halbrund auskragenden, fast die gesamte Fassadenbreite einnehmenden Vordach überfangen wird. Als innovatives Element des Bürobaus fungieren mehrere Gartenetagen, die u. a. als Erholungsraum dienen sollen.

Gegenüber dem ARAG-Tower ist in den 2020ern ein neuer Hochhausbezirk entstanden: Während Tadao Ando Architects bei ihrem **Tadao Ando Campus & Tower** auf filigran strukturierte Glasflächen setzten, entwickelte das Büro Sauerbruch Hutton mit dem **Upper Nord Tower** ein ikonisches Hochhaus, dessen Außenwirkung v. a. auf dem Gestaltungselement der Farbe beruht.

Die Kirche **Zum Heiligen Kreuz** (s. Übersichtskarte; Rather Kreuzweg 43) wurde 1956–58 nach Plänen von Josef Lehmbrock errichtet und 1964 um einen Campanile erweitert. Als Zentralbau angelegt, erhebt sie sich über einem im Süden parabelförmig zusammenlaufenden Grundriss. Die nördliche

Eingangsfassade mit ihrem leicht sphärisch gekrümmten Dach wird durch zwei mittig im stumpfen Winkel aneinanderstoßende Wandflächen bestimmt. Dort setzt auch das breite Eingangsportal an. Die Fassaden des Baus sind mit unterschiedlichen Mustern perforiert gestaltet. Ihr zweischaliger Aufbau beruht auf leicht vor- bzw. zurückgesetzten Kiesbeton-Elementen, die der Kunstakademie-Professor Günter Grote mit Bezug auf die Flammengestalt des Vortragekreuzes entworfen hat. Im Innern reduziert sich die Raumbreite zum in der südlichen Rundung angeordneten Altarbereich. Neben dem nach Süden abfallenden Niveau wird diese Zone zusätzlich durch farbige, eine Kreuzform ergebende Gussglas-Elemente in den Wandperforationen nobilitiert. Eine Stabwerk-Konstruktion aus Mannesmann-Stahlrohren und verbindenden Hohlkugeln, sog. Oktaplatten, trägt die leicht gewölbte Decke. Die einzelnen rational-technischen oder aber organisch-künstlerisch gestalteten Elemente verbinden sich so zu einer Architektur, bei der Konstruktion, Material und Form zu einer Einheit mit ästhetischem Mehrwert verschmelzen.

Vom alten GeSoLei-Gelände nach Norden

Auf dem ursprünglichen Düsseldorfer Messegelände nördlich der Oberkasseler Brücke (I C5; S. 170) fand 1926 mit der **Ausstellung für Gesundheitspflege, soziale Fürsorge und Leibesübungen (GeSoLei)** die größte Messe der Weimarer Republik statt. Bei der Planung des 400 000 m² großen Ausstellungsareals und der Bauten fungierte Wilhelm Kreis als leitender Architekt. Der Komplex beinhaltete die heutige Tonhalle, das in deren Sichtachse nördlich daran anschließende Ehrenhof-Ensemble (heute Kunstpalast, städtische Kunstsammlung und NRW-Forum) und die nordwestlich vorgelagerte Rheinterrasse. Die Bauten, an einer parallel zum Rhein verlaufenden Hauptstraße angeordnet, wurden östlich über

Blick über die GeSoLei auf die Rheinterrasse, 1926

eine an den Hofgarten (1 D4/5–E5; S. 51 ff.) angeschlossene Gartenanlage miteinander verbunden. Hinzu kam eine Vielzahl von temporären Pavillons und Musterbauten namhafter Architekten. Das nördlich angeschlossene Gelände dieser temporären Ausstellungsbauten wurde in Fortsetzung des 1906 dort entstandenen Kaiser-Wilhelm-Parks wieder in einen Volkspark umgewandelt.

Die heutige **Tonhalle** (1 C–D4), einer der Dauerbauten der GeSoLei im Jahr 1926, wurde von Wilhelm Kreis ursprünglich als Mehrzweckhalle und Planetarium konzipiert. Nach schweren Kriegszerstörungen erfolgte 1979 der von Helmut Hentrich geleitete Umbau zum Konzertsaal (2008 aufwendig renoviert). Über einem Sockelgeschoss mit annähernd quadratischem Grundriss erheben sich gestaffelt angeordnet ein zylinderförmiger Umgang und eine zentrale, relativ flache Kuppel. Das Dachplateau des Sockelgeschosses kann an der Südseite unmittelbar von der Brückenrampe erschlossen werden. Der axial auf den Ehrenhof ausgerichtete, ehem. Haupteingang im Norden öffnet sich zur Längsachse der Gesamtanlage und wird von einer zweiarmigen, zum Dachplateau führenden Treppenanlage gerahmt. Zwei an den Außenecken des Sockelbaus befindliche, antikisierende Pavillonbauten aus Tuffstein betonen die Symmetrie. Die ziegelverkleidete Fassade der ursprünglich mit einer Beton-Eisen-Konstruktion errichteten Rheinhalle wird sowohl im Sockel- als auch im Obergeschoss durch Strebepfeiler gegliedert. Dreieckig abschließende, heute verglaste Vertikalöffnungen zwischen den Pfeilern und die ornamentale Gestaltung der Ziegelflächen durch vor- und zurückspringende Ziegel zeigen die expressionistischen Tendenzen der Entstehungszeit. In die außen kupferverkleidete Kuppel wurden zur Erinnerung an die ursprüngliche Nutzung innen hunderte Leuchtdioden integriert. Installationen von Adolf Luther und Günther Uecker werten den Raum künstlerisch auf. Das sog.

Grüne Gewölbe mit seinen das Muldengewölbe prägenden Gurtbögen diente ursprünglich als Eingangsvorhalle. Auf die heutige Funktion der Tonhalle verweist vor dem Bau die von Sohei Hashimoto konzipierte Brunnenanlage *Nachklang* mit ihrem auf den Kopf gestellten Konzertflügel. Sie wurde 1988 als Bestandteil einer vom Ehrenhof über die Kunstakademie zur Altstadt reichenden Kette von Skulpturen aufgestellt.

NRW-Forum (1 C–D4): Der Bau zwischen Tonhalle und Kunstpalast wurde ebenfalls von Wilhelm Kreis als Ausstellungsgebäude der GeSoLei des Jahres 1926 entworfen. Anschließend beherbergte er das Reichsmuseum für Gesellschafts- und Wirtschaftskunde und das Landesmuseum Volk und Wirtschaft. 1998 erfolgte nach vollständiger Sanierung die Neueröffnung als NRW-Forum Kultur und Wirtschaft (S. 184). Sich entlang der Uferstraße erstreckend riegelt der einflügelige, längliche Bau den Hofgarten (S. 51 ff.) zum Rhein ab. In Anlehnung an die Architektur des seit 1902 bestehenden, nördlich gelegenen Kunstpalastes folgt seine Grundstruktur einem symmetrischen Aufbau. Die zur Straße ausgerichtete Fassade zeigt eine Staffelung aus einem breiten Mittelrisalit mit segmentbogenförmig eingeschnittenem, turmartigem Kern und zwei als antikisierende Tempel-Pavillons gestaltete Eckrisalite. Archaisch-monumentale Formen und die expressionistische Gestalt der ziegelverkleideten Flächen schaffen Bezüge zur zeitgleich errichteten Tonhalle im Süden. Über einer geböschten Sockelzone in Muschelkalk setzen Fensterzonen mit mehrfach profilierten Sandsteinrahmungen an. Die übrigen Wandflächen werden durch alternierend vor- bzw. zurücktretende Ziegellagen texturiert. Der zur Gartenseite ausgerichtete, mittig angeordnete Eingang liegt hinter die Mauerflucht zurückversetzt. Er leitet über eine Staffelung des eingeschossigen Vorbaus über einen erhöhten Baukörper zum zweigeschossigen Mittelbau. Gegenüber dem Haupteingang des NRW-Forums befindet sich die Heinrich Heine gewidmete Skulptur *Aufstrebender Jüngling* von Georg Kolbe. Aufgrund der Verhinderung durch die Nazis konnte sie, schon in den 1930er Jahren konzipiert, erst 1949 hier, am ursprünglich vorgesehenen Platz, aufgestellt werden.

Kunstpalast (1 C–D4): Der nordwestlich an den Hofgarten grenzende Ausstellungsbau wurde um 1900 im Zusammenhang mit der Rheinuferverschiebung errichtet. Neobarocken Prinzipien folgend, zeigte er zum Rhein ursprünglich eine durch Risalite gegliederte Fassade. Der rückwärtig angeschlossene Ehrenhof mit den flankierenden Ausstellungsräumen war durch einen triumphbogenartig gestalteten, zentralen Eingang zu erschließen. Im Zuge der GeSoLei erfolgte in den Jahren 1925/26 die von Wilhelm Kreis geleitete Umgestaltung und Erweiterung der Anlage zu dem unter der Bezeichnung Ehrenhof bekannten Gebäude- und Gartenensemble. Als abgewandeltes Pendant des ursprünglichen Baus entwarf Kreis eine dem transformierten Gebäude westlich gegenübertretende Dreiflügelanlage. Als verbindendes Element fungiert ein im Norden zwischen beide Anlagen gesetztes, in Anlehnung an römische Triumphbögen gestaltetes Torhaus. Der von beiden Bauten eingeschlossene, nach Süden geöffnete Innenhof greift die zur Tonhalle verlaufende Achse auf. Die Fassaden sind ähnlich wie beim NRW-Forum mit einem geböschten Muschelkalksockel, mehrfach profilierten Fenster- und Portalrahmungen aus Naturstein und texturiert roten Ziegelflächen gegliedert. Das weitgehend nüchtern gestaltete Innere erhält in der Eingangshalle durch die großformatige Glasmalerei von Johan Thorn Prikker einen sakralen Charakter. Um 2000 und 2020–23 erfolgten Sanierungs- und Umbaumaßnahmen.

Im **Außenbereich der Ehrenhof-Anlage** befinden sich zahlreiche Kunstwerke. Auf dem zum Innenhof ausgerichteten Torbau liegt seit 1926 die monumentale, von Arno Breker gestaltete Skulptur *Aurora*. Breker hatte an der Düsseldorfer Kunstakademie studiert und war später zum stilbildenden Künstler der NS-Architektur an der Seite von Albert Speer aufgestiegen. Seine als römische Göttin der Morgenröte gestaltete Figur schien mit ihrer heroischen Formensprache auch in den Augen von Brekers Lehrer Kreis die Aufbruchstimmung der GeSoLei in eindrücklicher Weise zu verkörpern.

Westlich des Kunstpalastes liegt am Rheinufer das **Rheingärtchen**, das 1927 der Gartenarchitekt Walter von Engelhardt konzipierte. In der mit Parterre und Ziergarten gestalteten Anlage befindet sich das 1929 von Richard Langer geschaffene *Ulanendenkmal*; es erinnert an das 1815–1918 in Düsseldorf stationierte Reiterregiment. Außerdem zeigt der kleine Park die *Wasserträgerin/Nubierin* von Bernhard Sopher, einem Mitglied der Künstlervereinigung »Das Junge Rheinland«, aus dem Jahr 1925; sie hatte ursprünglich in der Mitte eines Wasserbassins gestanden, wurde dann aber von den Nazis als »entartet« diffamiert und entfernt; 1954 erhielt die Skulptur ihren heutigen Platz. Weiterhin ist im Rheingärtchen eine Sandsteinkopie der ebenfalls von Sopher entworfenen Bronzefigur *Knöchelspielerin* zu finden.

Die **Rheinterrasse** (I C4) nördlich des Kunstpalastes auf der gegenüberliegenden Seite wurde von Wilhelm Kreis für die GeSoLei 1926 als Dauerbau geschaffen, für gastronomische Zwecke und Veranstaltungen. Der Bau besteht aus einem zylinderförmigen Kern, zwei flankierenden, quaderförmigen Turmbauten und niedrigeren Anbauten mit vorgelagerten Terrassenzonen. Den nördlichen Abschluss bildet ein schräg gestellter Turmbau, der den Verlauf des anschließenden Rheinparks aufgreift. Der zur Straßenseite konvex auskragende Mittelbau schwingt zur Rheinseite konkav ein und bildet einen Platz aus, der mit der vorgelagerten Terrasse zum Rhein konvex vorkragt. Die Fassade variiert in Material und Form die Gestalt der südlichen GeSoLei-Bauten. Das Innere zeigt eine elegant-expressionistische Gestalt. Der zentrale Rheingoldsaal wird von einer muschelförmigen, auf Strebebögen ruhenden Schirmkuppel überwölbt. Ende der 1990er wurde die Rheinterrasse unter Leitung des Büros Hentrich, Petschnigg & Partner (HPP) umgebaut und erweitert.

Der **ERGO-Komplex** (I D4), ab 1983 als Konzernverwaltung der Victoria-Versicherung errichtet, geht auf Pläne des Büros Hentrich, Petschnigg & Partner (HPP) zurück. Er besteht aus teilweise parallel verlaufenden bzw. schräg aneinandergefügten Riegelbauten und einem südlich den Komplex durchdringenden, über 100 m hohen Hochhausturm. Die fünf- bis achtgeschossigen Riegelbauten bilden mehrere Innenhöfe aus. Zwei- und mehrgeschossige Trakte verbinden die an der Straße gelegenen Baukörper mit dem hinteren Teil. Die Fassadengliederung erfolgt über natursteinverkleidete Zonen und horizontal zusammengefasste Fenstereinheiten. Die parallel zur Straße verlaufenden vorderen Riegelbauten und der zurückversetzte zylinderförmige Turmbau bilden südlich eine große Platzanlage aus. Nach Westen öffnen sich die Bauten über stilisierte Kolonnaden und rasterförmig angeordnete Fenstereinheiten zum teilweise parkartig gestalteten Außenraum. Konstruktion und klimatechnisches Konzept boten zur Bauzeit innovative Lösungen für ökologisches Bauen.

Die **Bezirksregierung** (III C–D3) wurde 1907–11 nach Plänen von Traugott von Saltzwedel errichtet. Ursprünglich als repräsentativer Sitz der Königlich Preußischen Regierung zu Düsseldorf konzipiert, veranschaulicht der Bau neobarocke Gestaltungsprinzipien. Die sechsflügelige Anlage mit drei Innenhöfen folgt einem symmetrischen Aufbau. Die viergeschossige, weitgehend natursteinverkleidete Fassade wird durch einen mittleren und zwei nur leicht vortretende Eckrisalite strukturiert. Der tempelartig gestaltete Mittelrisalit erfährt über ein rundbogiges Portal, die darüber aufsteigende Kolossalordnung aus ionischen Halbsäulen, das abschließende Walmdach mit vorgelagertem Dreiecksgiebel und eine bekrönende Laterne eine Akzentuierung. Die Eckrisalite werden durch Balkone mit skulptural ausgearbeiteten Balustraden und Glockendächer betont. Die Gliederung der Wandflächen erfolgt über rustizierte Zonen im Sockelgeschoss und an den Risaliten, hochrechteckige Fenster, Kolossalpilaster und skulptural ausgearbeitete Fensterrahmungen. Das von Säulen flankierte Eingangsportal ist mit einem verkröpften Gesims versehen, das von zwei Figuren karyatidenartig unterfangen wird. Das Treppenhaus im Hauptgebäude ist von der barocken Treppenanlage *Grand escalier de Versailles* inspiriert. Einzelne Räume wurden von Künstlern der Münchner und Düsseldorfer Schule wie z. B. Adolf Münzer, Heinrich Hermanns und Max Clarenbach repräsentativ ausgestaltet.

Der **Golzheimer Friedhof** (III D3) erstreckt sich in Rheinnähe zwischen der Kurt-Baurichter-Straße und der Fischerstraße und fungierte vom Anfang des 19. Jh.s bis 1884 als städtischer Hauptfriedhof. Die gartenkünstlerische Gestaltung beruht auf Plänen von Maximilian Friedrich Weyhe. Sein Konzept sah eine von Weißdornhecken umfriedete, achsial in acht rechteckige Felder unterteilte und mit Lindenalleen strukturierte Anlage vor. Das zum Rheinufer hinführende Gelände war ursprünglich parkähnlich gestaltet, ist heute jedoch überbaut. Im Laufe der Zeit wurde der Friedhof mehrfach verändert und erweitert. Ende des 19. Jh.s wurde er unter Einbeziehung der Gräber zum Park umgestaltet. Seit 1905 trennt ein Durchbruch der Klever Straße das Areal in zwei Teile. Das ursprüngliche Wegenetz und die Bepflanzung sind teilweise noch erhalten, doch die landschaftliche Attraktivität ging durch die westliche Bebauung und die Anlage des Rheinparks weitgehend verloren.

Das **Oberlandesgericht** (III C–D3) wurde 1910–11 im Auftrag der Preußischen Regierung als Teil einer gewünschten repräsentativen, großstädtischen Rheinuferbebauung errichtet. 1957 und um 2000 erfolgten östlich anschließend Erweiterungen, so dass der Ursprungsbau heute über Glasgänge mit zwei- bis zehngeschossigen Gebäuden verbunden ist. Der Ursprungsbau wurde von Heinrich Quast als Vierflügelanlage mit zwei Binnenhöfen konzipiert. Die Gliederung der viergeschossigen mit Naturstein versehenen Hauptfassade erfolgt über einen Mittelrisalit mit geschweiftem Segmentbogengiebel und zwei nur leicht vorkragende Eckrisalite mit Loggien. Über einem rustizierten Sockelgeschoss erheben sich zwei über Fensterrahmungen verbundene Hauptgeschosse und ein Mezzaningeschoss. Die hochrechteckigen Fenster werden in den obersten drei Geschossen durch Kolossalpilaster voneinander abgegrenzt und im dritten Geschoss von Segmentbogengiebeln überfangen. Den Abschluss bildet ein Mansarddach mit Dachhäuschen und Fledermausgauben. Der Zugang erfolgt über ein rundbogig geschweiftes, von Säulen flankiertes Portal. Hinter dem Eingang erstreckt sich zwischen beiden Höfen ein monumentales Treppenhaus mit gekrümmten Treppenläufen. Die weitere Erschließung erfolgt über an die Höfe grenzende, kreuzgratgewölbte Gänge. Die reichhaltige Innenausstattung des Gebäudes umfasst u. a. einen von Willy Spatz geschaffenen Wandgemäldezyklus im großen Plenarsaal.

Das ehem. **Amerikanische Konsulat** (III C3), von dem Büro Skidmore, Owings & Merrill (SOM) 1953 entworfen, setzte sich ursprünglich aus zwei Baukörpern zusammen. In den 1990ern erfolgten unter Christoph Ingenhoven Umbaumaßnahmen, im östlichen Bereich entstand ein dem Volumen des Hauptbaus angenäherter Neubau. Während der sich parallel zur Cecilienallee ersteckende vordere Ursprungsbaukörper über vier Geschosse verfügt, wurde der rechtwinklig angeschlossene Baukörper als eingeschossiger Flachbau gestaltet. Die Fassade des langgestreckten Hauptbaus zeigt im EG eine offene, von schlanken Pfeilern getragene Halle. Die Anordnung von Stützen und sich darüber erhebenden Fensterreihen folgt einem an der Stahlskelettbauweise orientierten Raster. Die in den Obergeschossen fortgesetzten Stützen fungieren als vertikale Zäsuren zwischen den zu Sechsereinheiten zusammengefassten hochrechteckigen Fenstern. Zusammen mit den weiß gefassten Stahlelementen und den Brüstungsplatten aus hellem Naturstein vermitteln sie eine elegante, transparente Wirkung. Eine asymmetrisch in die Pfeilerhalle eingeschobene, niedrige Eingangshalle bildet mit ihrer Verkleidung mit schwarzen Marmorplatten einen reizvollen Kontrast. Mit seiner Materialität und der am Tektonischen orientierten, streng geometrischen Gestaltung kann das Gebäude als paradigmatisch für den Internationalen Stil der Nachkriegszeit angesehen werden. Der 1997–98 errichtete Neubau an der Emmericher Straße greift mit seinen Maßen, der Materialität und Struktur Prinzipien des Ursprungsbaus auf. Seine weitgehend verglaste Fassade lässt die innenliegende Stahlbetonkonstruktion aus durchgehenden Rundpfeilern erkennen. Durch die Skelettbauweise lassen sich die Innenräume beider Bauten flexibel gestalten.

Das **Wohn- und Atelierhaus Wach** (III C3) wurde Anfang der 1930er nach Plänen von Karl Wach errichtet. Es setzt sich aus einem zweigeschossigen Vorderhaus mit trapezförmigem Grundriss und einem im Nordwesten rechtwinklig angeschlossenen schmalen Gartenflügel zusammen. Die zur Straße ausgerichtete Fassade wird im Gegensatz zu den fensterlosen Stirnseiten durch eine asymmetrische Anordnung verschiedener Fenstergruppen und -reihen bestimmt. Diese unterschiedlich breiten Einheiten setzen sich aus hochrechteckigen, querrechteckigen und runden Fenstern zusammen. Die im rechten

Gebäudeteil positionierte Haustür ist von einem flachen Vordach überfangen und seitlich um ein Garagentor ergänzt. In der Achse des Portals kragen unterhalb der Trauflinie zwei zur Anbringung von Fahnen vorgesehene Steine aus dem schalungsrauen, weiß getünchten Beton hervor. Das nach hinten abfallende Pultdach geht zur Gartenseite in eine breite, durchfensterte Gaube über. Die unteren Geschosse öffnen sich hier über eine Loggia-Veranda-Kombination und große Fensterflächen nach außen. Die Innenräume zeichnen sich durch eine Vielfalt der Raumproportionen aus. Der Bau veranschaulicht beispielhaft, wie sich in der Weimarer Republik moderne Gestaltungsideen transformieren und auch mit nationalsozialistischen Vorstellungen überschneiden konnten.

Die **Villa Engelhardt** (III C3) am nördlichen Ende des Golzheimer Friedhofs wurde 1912–13 nach Plänen von Thilo Schneider errichtet, als Dienstwohnung für den Gartendirektor Walter von Engelhardt. Der zweigeschossige Bau wird von einem dreiachsigen Mittelrisalit bestimmt. Die Gliederung der Fassade erfolgt über hochrechteckige Fenster und mehrere Gesimse. Das abschließende Walmdach wird von rundbogig abschließenden Dachhäuschen bekrönt. Zur Gartenseite ist im östlichen Bereich eine Kombination aus Veranda und Söller angeschlossen. Heute beherbergt das Haus die Verwaltung der Robert-Schumann-Musikhochschule.

Die **Münster-Therme** (III E3; über einen Blockinnenhof erreichbar) wurde 1900–02 infolge der stark anwachsenden Bevölkerung als zweite städtische Badeanstalt errichtet. Der von Richard Genschmer entworfene, backsteinverkleidete Bau gliedert sich in eine quergelagerte Vorhalle, eine mittig daran angeschlossene Schwimmhalle und einen nordöstlich an den Vorbau ansetzenden, kurzen Trakt. Charakteristisch für die in zwei Geschossen von Umkleidekabinen gerahmte große Halle ist das Tonnengewölbe mit Gurtbögen und in Stichkappen eingesetzten Lünetten- und Spitzbogenfenstern. Der Charakter der Gründerzeit konnte trotz Kriegszerstörungen und Umbauten über die teilweise noch originale Innenausstattung weitgehend bewahrt werden.

Der **Landesbetrieb Information und Technik Nordrhein-Westfalen** (III D2) liegt im Übergangsbereich zwischen einem südlich angrenzenden Wohnquartier mit geschlossener Blockrandbebauung und einem sich nördlich erstreckenden Hochhausbezirk. Die Gestalt des Anfang der 1970er errichteten Baus beruht auf Plänen von Gottfried Böhm. Die leicht unter Straßenniveau ansetzende Fassade wird durch eine sich von

Landesbetrieb Information und Technik Nordrhein-Westfalen

Osten und Westen zur Mitte erhöhende Staffelung der Baukörper bestimmt. Der zunächst geschossweise abgetreppte Anstieg kulminiert in einem 16-geschossigen, riegelförmigen Kernbau mit mittig und flankierend angeordneten Treppentürmen. Der technische Charakter des strukturalistisch-brutalistischen Baus wird durch die rasterförmige Anordnung der querrechteckigen Fenster und die Verkleidung der Wandflächen mit Cortenstahl verstärkt. Zur Erschließung dienende Fußgängerbrücken, Fluchtwegtreppen und Klimatisierungsrohre sind integrativer Bestandteil der ästhetischen Inszenierung von Technik.

Das **Büro- und Wohngebäude** an der Golzheimer Straße 120 (III D2) wurde 1970–72 nach Plänen der Architekten Hermann Willi Thesing, Hans Strizewski und Winfried Jansen errichtet. Entsprechend seinem Standort an der Ecke Ottweilerstraße folgt der Komplex einem winkelförmigen Grundriss. Betont wird die Ecke über die von fünf auf sieben Geschosse ansteigende Bauhöhe. Die Fassade ist plastisch gestaltet und durch den Wechsel der Materialien bestimmt. Als Hauptgestaltungselement dienen alle Geschosse durchlaufende, halbrund vorkragende Mauerwerkstürme. Die Fensterzonen zwischen diesen geschlossenen Türmen sind ab dem 2. OG um ebenfalls halbrund vorkragende Balkone mit geschlossener Betonbrüstung ergänzt. Diese Brüstungen dienen als Pflanzbecken, was den Eindruck zusammen mit den begrünten Flachdächern zusätzlich belebt. Die Innenausstattung der Wohneinheiten ist rechtwinklig angelegt; runde, in die Türme integrierte Sitznischen sind eine abwechslungsreiche Ergänzung.

Die evang. **Zionskirche** (III E2) wurde 1969 nach Plänen von Lothar Kallmeyer errichtet. Der in eine Häuserzeile eingepasste brutalistische Bau steht durch die geschlossene Form der Fassade und die experimentelle Gestaltung des oberen Abschlusses in Kontrast zu den benachbarten Bauten. Die sich über dem zurückversetzten EG zwischen zwei äußeren Wandscheiben erhebende, wellenartig geformte Betonzone wird seitlich von zwei schmalen vertikalen Fensterbändern gerahmt. Oberhalb des Daches ist ein massiver Querbalken zwischen die hier trapezförmig zusammenlaufenden Wangen eingespannt. Ein an dem Balken aufgehängtes kubisches Glockengehäuse bildet das Gegengewicht zu einem asymmetrisch in die Betonwand integrierten skulpturalen Element. Der im 1. OG gelegene Innenraum der Kirche zeigt sich als von schmalen Fensterbändern belichteter Saal mit holzsichtiger Ausstattung.

Die **Herz-Jesu-Kirche** (III D2) wurde Anfang des 20. Jh.s von Josef Kleesattel konzipiert. Der Außenbau der neogotischen Basilika wird von einem Westturm bestimmt. Als Gliederungselemente fungieren Spitzbögen, Strebe- und Maßwerk in gotisierender Formensprache. Das Innere wird im Mittelschiff durch einen dreizonigen Wandaufriss aus Pfeilerarkaden, Triforium-Blendnischen und Obergaden mit abschließendem Netzgewölbe strukturiert. Der an das Querschiff angeschlossene Staffelchor ist mit einem Umgang versehen. Die Kirchenfenster in Chor und Sakristei wurden von Jochem Poensgen gestaltet und zeigen u. a. Szenen aus der Genesis.

Die **Rolandschule** (III D2) wurde 1957–61 nach Plänen von Paul Schneider-Esleben errichtet. Die dreigeschossige, vierflügelige Anlage setzt sich aus zwei parallelen längeren und zwei nach innen versetzt zwischen diesen angeordneten, kürzeren Trakten zusammen. Die rasterförmige Gliederung der Fassade ergibt sich aus dem dunkelgrau gestrichenen Sichtbetonskelett. Die Fenstereinheiten dazwischen werden über weiß emaillierte Paneele strukturiert. Die geschlossenen Stirnseiten der Langflügel sind mit blau glasiertem Klinker verkleidet. Der aufgestelzte Ostflügel schafft im EG eine Verbindung zum rechteckigen Innenhof. Südöstlich ist dem Langflügel ein offener Gang mit auf Pilzstützen ruhender Überdachung angeschlossen. Er verbindet den Hauptbau mit dem Quaderbau der Turnhalle, deren Fenster eine Vergitterung aus schmalen Betonleisten aufweisen. Neben der ebenfalls von Esleben entworfenen Ausstattung zeigte sich der ganzheitliche Anspruch auch an den von der Gruppe Zero für die Schule entworfenen kinetischen Kunstwerken und einer (später wieder vom Schulhof entfernten) Spielskulptur von Joseph Beuys. Mit der Flächenbelebung über unterschiedliche Materialien und der Kunst am Bau wurde ein Kompromiss zu der durch die rasterförmige Strenge der Architektur hervorgerufenen Ästhetik des Internationalen Stils gefunden.

Das sog. **Sternhaus** (III C2), 1968–72 errichtet, ist in seiner Architektur dem ebenfalls von Hentrich, Petschnigg & Partner (HPP) entworfenen Rank-Xerox-Haus (S. 177) verwandt. Ähnlich wie dort beruht der Grundriss des 18-geschossigen Hochhauses auf einer aus mehreren Sechsecken zusammengefügten, dreiblattartigen Figur. Die mit Sichtbetonplatten verkleidete Fassade wird an den außen liegenden Flächen durch breite Balkone mit bepflanzbaren Sichtbetonbrüstungen gegliedert. Die Erschließung erfolgt über dem Kernbau an drei Seiten angegliederte Verkehrseinheiten. Während die unteren Geschosse für einen Ausstellungsraum, Büros und Praxisräume genutzt werden, dienen die oberen Stockwerke Wohnzwecken. Nur wenige, zwischen weitgespannten Decken liegende Stützen begünstigen eine flexible Gestaltung des Innenraums. In der Sichtachse des ERGO-Komplexes (S. 147) gelegen und sowohl von der Nordbrücke als auch von der Flughafenzufahrt zu sehen, bildet der brutalistisch-strukturalistische Bau städtebaulich einen wichtigen, zwischen innerer Stadt und Golzheim vermittelnden Hochpunkt.

Das sechsgeschossige **Bürohaus** an der Kaiserswerther Straße 135 (III C2) wurde 1998–99 nach einem Entwurf des Büros Petzinka, Pink und Partner errichtet. Die Grundrissidee beruht auf zwei parallel hintereinander gesetzten Querrechtecken, die über einen zentralen Trakt verbunden sind. Die Fassadenflächen der äußeren Baukörper sind fast vollflächig verglast und weisen in jedem Geschoss umlaufende Balkone auf. Die aus waagerechten Holzlamellen bestehenden Brüstungen fungieren durch die Schrägstellung als Sicht- und Sonnenschutz, lassen den Bau aber gleichzeitig transparenter wirken. Im Souterraingeschoss ist im Abstandsstreifen zur Stützmauer ein Gartenstreifen mit Bäumen angelegt. Treppen und ein Steg über den Graben führen zum Gebäude. Dessen Erschließung erfolgt über den verglasten Mitteltrakt. Durch die niedrige Höhe, die Farbigkeit des Holzes und das abschließende Mansardwalmdach fügt sich das Bürohaus gut in die Umgebungsarchitektur ein.

Das **Drahthaus** (III C2) wurde 1951–52 für den Fachverband der Drahtindustrie nach einem Entwurf von Hentrich, Petschnigg & Partner (HPP) errichtet. Der langgestreckte, viergeschossige Baukörper hat eine gleichmäßig gerasterte Hauptfassade. Den Fenstern flankierend vorgelagerte Rundpfeiler und in Zickzackmuster gestaltete Stahl-Draht-Brüstungen erzeugen eine reliefartige Tiefe. Der aus der Mittelachse gerückte Eingangsbereich wird durch ein flaches Vordach nobilitiert. Als Gegenstück fungiert ein halbrund auskragender, verglaster Treppenturm an der Gebäuderückseite. Im Gegensatz zur Schaufassade sind die übrigen Seiten als Lochfassaden mit gelber Klinkerverblendung gestaltet. Die elegant strukturierte Architektur dieses frühen Nachkriegsbaus von HPP hatte Vorbildcharakter für die Bauproduktion der folgenden Jahre.

Der Wohnhauskomplex **Haus Rheinpark** an der Westseite der Kaiserswerther Straße und auf beiden Seiten der Uerdinger Straße (III C1/2) wurde von dem Schweizer Architekten William Dunkel konzipiert und Ende der 1920er errichtet. Die Bauten wurden in ihrer Anordnung und Kubatur auf eine besondere städtebauliche Funktion hin gestaltet: In der Verlängerungsachse der schon zu dieser Zeit im Bebauungsplan vorgesehenen, aber erst Mitte der 1950er errichteten Theodor-Heuss-Brücke (S. 170) sollten sie als markantes, in die Stadt einleitendes Tor fungieren. Die sechs- bis elfgeschossigen Baukörper an der Uerdinger Straße öffnen sich mit ihrem gestaffelten Grund- und Aufriss trichterartig nach Osten und bilden an den dort geschaffenen Hochpunkten jeweils einen Platz aus. Die an das südliche Turmhaus angeschlossene Blockrandbebauung weicht an der Kaiserswerther Straße mittig zurück und bildet an der Kreuzung zu Am Binnenwasser das Pendant zum nördlich vorkragenden Eckpunkt. Die Gliederung der mit rötlicher Klinkerverkleidung versehenen Bauten erfolgt durch eine additive Anordnung von vor- und zurückweichenden Baukörpern mit unterschiedlich gestaffelten Höhen. Das EG ist mit Werksteinplatten verkleidet. Ein umlaufendes Gesims grenzt es von den Obergeschossen ab. Diese werden durch rasterförmig angeordnete Einheiten aus Zwillings- und Drillingsfenstern, Balkonen und teilweise oberhalb und unterhalb der Fenster verlaufende Gesimse aus Werkstein gegliedert. Das Mauerwerk erfährt durch die polychrome Farbigkeit der Ziegel eine regelmäßige Texturierung. Das flach abschließende Attikageschoss wird durch einzelne schmale Fenster und eine mehrlagige Bänderung im Mauerwerksverband akzentuiert. Die Markierung der Eingänge erfolgt durch ein doppeltes Gesimsband und teilweise darüber aufsteigende, dreieckig vorkragende, beidseitig durchfensterte Erker. Die großzügigen Wohnungen waren aufgrund des exklusiven Standorts auf die Bedürfnisse des gehobenen Mittelstandes ausgerichtet. Die architektonischen Formen des zuvor im Büro von Wilhelm Kreis tätigen Dunkel sind als Reaktion auf die Architektursprache der GeSoLei (S. 142) zu verstehen.

Die ehem. **VEBA-Hauptverwaltung** (III C2) steht paradigmatisch für die von Hentrich, Petschnigg & Partner (HPP) entwickelte Architektur der 1970er. Die Grundstruktur des heute elfgeschossigen Bürobaus beruht auf einem Grundriss aus windmühlenartig zusammengesetzten Rechtecken. Den vier Stirnseiten der Rechteckflügel waren ursprünglich polygonale Türme vorgelagert, die zusammen mit den vorkragenden Fensterbrüstungen die Elemente der nach außen verlegten Lüftungsanlage enthielten. 2009 erfolgte eine grundlegende Modernisierung, in deren Rahmen die durch bronzefarbene Aluminiumverkleidung und dunkel getönte Fenster geprägte Fassade entfernt wurde. Die neue, weiß gehaltene Vorhangfassade verfügt über zu öffnende Fensterflügel und versetzt angeordnete, teflonbeschichtete Fassadensegel. Die Erschließung der flexibel unterteilbaren Büroeinheiten erfolgt weiterhin über einen zentralen Verkehrs- und Versorgungskern.

Am **Kennedydamm** (III C2) wird seit den 2020ern ein neues Quartier entwickelt, das die zentrale Eingangssituation zur Düsseldorfer Innenstadt hervorheben soll. Verschiedene Bauprojekte, darunter auch einige Hochpunkte, stehen für eine städtebauliche Umstrukturierung, die eine verstärkte Raumwirksamkeit des neuen Quartiers mit sich bringen wird. Die Entwürfe der einzelnen Bauten stammen von Büros wie Hentrich, Petschnigg & Partner (HPP), KPF, BM+P Architekten, jsk architekten und Rübsamen Partner Architekten. Die Baukonzepte setzen auf die Dominanz von Glasflächen, organisch geschwungene oder kristallin gebrochene Kubaturen und die Integration von Grünflächen. Gleichzeitig werden auch bisher eher unübliche Zugangsebenen genutzt, die eine Neuinterpretation für die Beziehung zum öffentlichen Raum darstellen.

Der **Nordfriedhof** (III C–D1) in Derendorf beruht auf einer Konzeption des Gartenarchitekten Eduard Hoppe von 1883. Die ursprüngliche Anlage setzt sich aus einem streng geometrisch konzipierten Komplex im südlichen Eingangsbereich und einem nördlich daran angeschlossenen Landschaftsgarten zusammen. Das südliche Wegenetz basiert auf der Grundstruktur einer orthogonal zusammengefügten Kleeblattform. Im zentralen Kreuzungspunkt befindet sich eine von Eberhard Westhofen 1885 entworfene Kapelle: Der neogotische Klinkerbau greift mit seinem kreuzförmigen Grundriss und den daran angeschlossenen Apsiden die Struktur der Gartenanlage auf. Nördlich ist der Kirche eine (später erweiterte) Leichenhalle angeschlossen. Den Abschluss der zentralen Nord-Süd-Achse bildet eine Erhebung mit Hochkreuz (aufgrund der in diesem Bereich gelegenen repräsentativen Erbgrabstätten auch »Millionenhügel« genannt). Der an den geometrischen Gartenkomplex angeschlossene Landschaftsgarten wird durch weitgeschwungene Schlaufenwege strukturiert. Im 20. Jh. erfolgten mehrere Erweiterungen mit streng geometrischer Aufteilung des Geländes. Als ein unter den vielen sehenswerten Gräbern gestalterisch herausragendes Grabmal kann die um 1906 als Tholos gestaltete Grabstätte der Familie Henkel genannt werden. In einem am nordwestlichen Ende des erweiterten Teils gelegenen Rondell wurde in der Nazizeit ein Denkmal für den damals als Helden verehrten Albert Leo Schlageter (1894–1923) aufgestellt. Heute befindet sich dort das Ende der 1960er von Jupp Rübsam entworfene Mahnmal für die Toten des Zweiten Weltkriegs.

Der **Nordpark** (s. Übersichtskarte) zwischen Rhein, Messegelände und Kaiserswerther Straße entstand 1936–37 anlässlich der Großen Reichsausstellung »Schaffendes Volk«, konzipiert in einer Gemeinschaftsarbeit des Akademiedirektors Peter Grund, des Gartendirektors Willi Tapp und des Architekten Fritz Becker. Die Anlage wird durch große, von Bäumen gesäumte Rasenflächen, ein streng gegliedertes, seit den 1950ern jedoch aufgelockertes Wegenetz sowie durch Rabatten und Wasserspiele bestimmt. Thematische Teilgärten wie der Seerosengarten und seit 1975 der Japanische Garten ergänzen das vielfältige Konzept. Die 1940 am Eingang des Parks aufgestellten monumentalen Skulpturen der *Rossebändiger* von Edwin Scharff konnten trotz der Stigmatisierung als »entartete Kunst« an ihrem ursprünglichen Aufstellungsort erhalten bleiben. Die südlich an den Park grenzende **Nordparksiedlung** sowie die **Golzheimersiedlung** aus eingeschossigen, weiß geschlämmten Ziegelbauten mit Satteldächern entstanden zeitgleich zur Parkanlage im Zuge der Großen Reichsausstellung, an Heimatschutzideale angelehnt und ebenfalls konzipiert unter künstlerischer Oberleitung von Peter Grund.

Das **Aquazoo Löbbecke Museum** (zur Sammlung s. S. 181) wurde in den 1980ern nach Plänen des damaligen Leiters Manfred Zahn im Nordpark errichtet. In den 2010ern erfolgten umfangreiche Sanierungsmaßnahmen. Der Grundriss des postmodernen Baus beruht auf der Form eines asymmetrisch zusammengesetzten Vierpasses. Die Fassade wird durch ein zurückweichendes, überwiegend verglastes EG und ein geböscht darüber aufsteigendes, weitgehend geschlossenes OG bestimmt. Die mit Granitplatten verkleideten Wandflächen werden von wenigen, teils sehr schmalen Rechteckfenstern durchbrochen. Zwischen den einzelnen Vierpass-Elementen vermitteln weitgehend geschlossene Treppentürme. Als oberer Abschluss dienen ein zentrales und drei kleinere gläserne Zeltdächer. Das Innere wird durch eine zentrale Tropenhalle und die vier um diese angeordneten, polygonalen Baukörper bestimmt. Ein Wassergraben rings um das Gebäude fungiert als Vermittlungselement zur Parkanlage.

Mit der **Neuen Messe Süd** (s. Übersichtskarte) erhielt die Messe Düsseldorf 2020 im Rahmen einer Komplettmodernisierung des Geländes einen neuen, repräsentativen Eingangsbau. Hauptelement des von sop architekten entworfenen Komplexes ist ein 20 m hohes Vordach in der Grundform eines an der Spitze gekappten rechtwinkligen Dreiecks aus Glasfasergewebe.

Auf filigranen Rundpfeilern überspannt es einen großen Vorplatz, unter dem sich eine Tiefgarage befindet. Das Foyer hinter dem Vorplatz wird von einer über 80 m breiten Glasfront dominiert, welche die Rasterstruktur des perforierten Vordachs aufgreift und viel Licht ins Innere lässt. Hauptelement des Foyers ist ein in den Raum herausragender, mit gelochtem und gekantetem Messingblech ummantelter Konferenzkubus. An das Foyer schließt die zeitgleich entstandene, 12 000 m² große **Halle 1** an. Aufgrund ihrer stützenlosen Gestaltung eignet sie sich für die verschiedensten Nutzungen mit bis zu 10 000 Gästen.

Die kath. Pfarrkirche **Heilige Familie** (s. Übersichtskarte; Carl-Sonnenschein-Str. 37) wurde Anfang der 1960er nach einem Entwurf von Hans Schwippert errichtet und 1978–79 an der östlichen Stirnwand um ein eingeschossiges Pfarrzentrum erweitert. Der Kirchenbau erhebt sich über einem Grundriss aus zwei versetzt hintereinander angeordneten, miteinander verschränkten Halbkreisen. Die konvex ausschwingende Westfassade wird durch ein orthogonales Raster aus weißen Stahlbetonstützen und -bindern mit Ausfachungen aus Back- und Glasbausteinen polygonal gegliedert. Im Innern leiten vier Betonpfeiler und zwei geschwungene Wandsegmente von einem äußeren Kreuzwegumgang mit Empore zum halbkreisförmigen Hauptraum über. Mit der Anordnung der Sitzbänke um den zentral an der Ostwand angeordneten Altar erinnert der Raum an die Form eines antiken Theaters. Die von Glasbausteinen durchbrochenen Wandflächen der konkav geschwungenen Westseite bilden einen Kontrast zur flach abschließenden, mit Backstein geschlossen gestalteten Ostwand.

Die evang. **Petruskirche** (s. Übersichtskarte; Am Röttchen 10) wurde Mitte der 1950er nach Plänen von Helmut Hentrich errichtet. Die Hauptidee basiert auf der Grundform eines unregelmäßigen, aber symmetrischen Sechsecks, das sich nach Süden verjüngt. Die viereckigen Flächen der stumpfwinklig aneinanderstoßenden Außenwände steigen an der grau verklinkerten Nord- und Südfassade bis zum First des abschließenden Satteldachs an. Die Ost- und die Westfassade sind von schräg gestellten und gestaffelt aneinandergereihten vertikalen Fensterbändern gegliedert. Nördlich der Kirche erhebt sich ein technisch anmutender, skelettartig gegliederter Kampanile. Der Zugang zur Kirche erfolgt über zwei überdachte Eingänge in der Nordfassade. Kurz dahinter setzt innen eine freistehende Empore an, die zusammen mit den Kirchenbänken über ihre gelenkartige Form die dreiseitig vorspringende Altarzone im Süden einklammert. Mit dem lichten Raumeindruck und der einsehbaren Dachkonstruktion aus Stahlrohr-Gitterwerk wird der für die Nachkriegszeit paradigmatische Typus der Zeltkirche auch im Innenraum offenkundig.

Die kath. Kirche **St. Maria Königin** (s. Übersichtskarte; Krahnenburgstr. 3) wurde 1956–58 nach Plänen von Gottfried Böhm errichtet. Der auf nahezu quadratischem Grundriss angelegte Bau wird durch einen ungefähr mittig hoch aufragenden Turmhelm mit oktogonaler Grundform bestimmt. Die Kirchenwände sind durch ein weiß gefasstes Betonskelett mit schlanken Rundpfeilern, Backsteinflächen und gerasterte Fensterzonen gegliedert, was den mit Kupferplatten verkleideten Turmhelm kontrastiert. Östlich ist dem Hauptbau ein dreieckig vorkragender Foyer-Annex mit Glockenturm angeschlossen. Im Inneren zeigt sich die Kirche als Zentralbau. Die acht geknickten Betonstützen des Turms markieren die Altarzone als nobilitiertes Zentrum und übertragen die Dominanz des Turmes am Außenbau ins Innere. Die Gliederung der Wandflächen und die Inszenierung der Raumstruktur veranschaulichen eine Verbindung der Prinzipien des Internationalen Stils mit aus der liturgischen Reformbewegung hervorgegangenen Gestaltungsansprüchen.

Die **Villa Lantz** (s. Übersichtskarte; Lohauser Dorfstr. 51), ein spätklassizistisches Herrenhaus samt Anbau mit Zierfachwerk, wurde in der ersten Hälfte des 19. Jh.s auf den Fundamenten einer Wasserburg aus dem 13. Jh. errichtet. Der Ostfassade ist im EG eine Eingangsveranda vorgelagert. Als weitere Gliederungselemente dienen hochrechteckige Stockfenster mit Schlagläden und Dreiecksgiebeln, verschiedene Gesimse und ein abschließendes Walmdach. Der zugehörige **Lantz'sche Park** wurde 1858 von dem Gartendirektor Joseph Clemens Weyhe im Stil eines englischen Landschaftsgartens angelegt. 1879–80 erfolgte eine Erweiterung nach Plänen von Julius Bouché. Die Anlage verfügt über weitläufige Rasenflächen, die von einem Rundweg gerahmt werden. In den 1970er und 1980er Jahren wurden Park und Villa von dem Düsseldorfer Maler und Galeristen Alfred Schmela für Ausstellungszwecke genutzt. Bis 2008 wurde die Villa dann von dem Bildhauer und Objektkünstler Meuser bewohnt. Heute birgt sie Büro- und Showräume. Die Außenanlage dient seit 2019 als internationaler **Skulpturenpark**.

Der **EUREF-Campus** (s. Übersichtskarte) entsteht seit den 2020ern auf einer 55 000 m² großen Fläche nordwestlich des Flughafens (Ahrensplatz). Die nach innen orientierte Architektur des großen, als Innovationszentrum konzipierten Campus soll v. a. Unternehmen aus den Bereichen Mobilität, Energie und Klimaschutz wie z. B. dem französischen Konzern Schneider Electric gute Aufenthalts- und Arbeitsbedingungen bieten.

Der **Düsseldorfer Flughafen** (s. Übersichtskarte) entstand in mehreren Bauphasen. 1969–73 wurden ein kreisförmig aufgebauter Zentralbau und daran angeschlossen ein erster Flugsteigriegel errichtet. In den folgenden Jahrzehnten wurde dieser Komplex mehrfach verändert und erweitert. Nach einer Brandkatastrophe Ende der 1990er kam es zu einem tiefgreifenden Umbau unter der Leitung des Architekturbüros JSK.

Die Neugestaltung setzte den Fokus auf eine durch große Glasflächen geprägte und somit transparente und übersichtliche Architektur. Das rund 70 m breite, gewölbte Glasdach der großen Eingangshalle wird seither von einer Konstruktion aus schlanken Stahlträgern und schräg verlaufenden Stützen getragen. Kreisrunde Öffnungen im Boden belichten die im UG gelegene Ankunftsebene. Zum innovativen Konzept gehörte auch der Anschluss des Flughafens an das Schienennetz der Deutschen Bahn über die Schwebebahn Skytrain.

Airport City und **Airport City II**: Seit 2003 entstehen auf dem ehem. Kasernengelände südwestlich des Terminals – also einem Areal, das sich aufgrund der Immissionssituation v. a. als Bürostandort eignet – neue Büro- und Dienstleistungskomplexe verschiedener Architekturbüros wie sop architekten, MHM Ziviltechniker, RKW Architektur + und Hartmann Architekten. Gestalterisch sind sie insbesondere durch gerasterte Glasflächen mit markanten Rahmungen und teilweise organisch geschwungene Grundrisse bestimmt. Hier haben sich u. a. GEA, Gerresheimer, mfi, Mercuri Urval, Goodman sowie sonepar angesiedelt.

Schloss Kalkum (s. Übersichtskarte): Bereits im 9. Jh. befand sich hier ein Königshof; später wurde er zum Rittersitz der Herren von Kalkum. Im 16. und 17. Jh. baute man die Burganlage zu einem barocken Schloss um. Das heutige Aussehen geht auf eine klassizistische Umgestaltung Anfang des 19. Jh.s nach Plänen von Georg Peter Leydel zurück, bei der die zur Bewirtschaftung der Anlage und zur Versorgung der Burgbewohner dienende Vorburg und das Herrenhaus über Zwischenbauten zu einer geschlossenen Vierflügelanlage verbunden wurden, von einem Wassergraben umgeben: An die **Dreiflügelanlage** im Westen schließt östlich die ebenfalls dreiflügelige, aber niedrigere Vorburg an; gemeinsam rahmen sie einen quadratischen Innenhof. Die symmetrisch angelegte, rosafarben verputzte

Eingangsfassade im Westen wird von einem mittleren Portalbau, einem jeweils seitlich daran angeschlossenen Trakt und zwei Ecktürmen an der nordwestlichen und an der südwestlichen Ecke bestimmt. Der Portalbau wird über Blendarkaden, Fenster mit Rund- und Flachbögen sowie einen Dreiecksgiebel in der Achse des Rundbogenportals hervorgehoben. Das Herrenhaus in der Südwestecke erstreckt sich winkelförmig über Bereiche des West- und des Südflügels. Die Gliederung der Wandflächen erfolgt über hochrechteckige, teilweise mit Giebeln bekrönte und mit Schlagläden versehene Sprossenfenster. Während die Hauptbaukörper von Walmdächern mit kleinen Dachhäuschen abgeschlossen werden, zeigen die Türme konkav geschweifte Hauben mit Laternen. Die klassizistische Innenausstattung mit prunkvoll gestalteten Stuckarbeiten, Intarsienböden und Marmorelementen ist im EG des Herrenhauses teilweise noch erhalten. Die östliche Dreiflügelanlage der **Vorburg** zeigt unverputztes Ziegelmauerwerk mit hochrechteckigen Sprossenfenstern. Im Nordtrakt findet sich ein bis zum klassizistischen Umbau als Hauptzufahrt dienendes, bossiertes Portal. Die das Schloss umgebende **Parkanlage** beruht auf Plänen des Gartenarchitekten Maximilian Friedrich Weyhe. Während der westliche Teil dem Stil eines englischen Landschaftsgartens folgt und dem Vergnügen gewidmet war, sollten Süd- und Ostgarten als Nutzgärten v. a. praktische Zwecke erfüllen. Damit entstanden verschiedene Gartenräume, passend zum jeweils benachbarten Schlossflügel.

Das **Haus Schneider** (Niederrheinstr. 308 in Kaiserswerth, s. Übersichtskarte) wurde 1923–24 nach Plänen von Gotthold Nestler errichtet. Die ursprünglich die Villa einfassende Parkanlage ist heute überbaut, so dass der schräg zur Hauptstraße gesetzte zweigeschossige Bau mit seitlich herausragendem Kellergeschoss zurückversetzt hinter mehreren größeren Bauten liegt. Die Fassade ist symmetrisch angelegt. Die Mitte tritt zwischen zwei flankierenden Eckrisaliten zurück und ist konvex gestaltet. Das zentrale, säulengeschmückte Eingangsportal mit bekrönender, ausschwingender Balkonanlage ist über eine repräsentative Freitreppe zu erreichen. Hochrechteckige Fenster gliedern die verklinkerten Wandflächen. Treppe, Balkon, Balustrade, Fenster- und Türrahmungen, Gebäudeecken und Gesimse werden durch Werkstein nobilitiert und teilweise von Bauskulptur bekrönt. Den oberen Abschluss bildet ein Walmdach mit symmetrisch platzierten Dachhäuschen und Gauben. Die äußere Dreiteilung wurde bei der Anlage der inneren Raumfolge aufgegriffen. Mit der Kombination von klarer Struktur und gemäßigt historisierenden Bauelementen gelang eine Annäherung des Repräsentativen herrschaftlicher Bauten an moderne Architekturprinzipien.

Kaiserpfalz (s. Übersichtskarte): Auf dem Areal an der Burgallee in Kaiserswerth lässt sich für das 7. Jh. ein fränkischer Fronhof nachweisen. Unter dem Salier Heinrich III. entstand im 11. Jh. in Erweiterung eines Burgbaus dann die erste Kaiserpfalz. In der zweiten Hälfte des 12. Jh.s wurde sie unter Friedrich Barbarossa zu einer mächtigen Zollfeste ausgebaut, mit dreigeschossigem Palas mit Bergfried, dem als Eingangstor fungierenden Klever Turm und einer halbkreisförmigen Umfassungsmauer mit vorgelagertem Graben und zwei Ecktürmen. Als Baumaterialien dienten Basalt- und Trachytquader sowie Tuff- und Ziegelsteine. Im 16. Jh. wurde die staufische Substanz aus- und umgebaut, doch der Kölner Bistumsstreit und der Spanische Erbfolgekrieg hatten ihre weitgehende Zerstörung zur Folge. Vorhanden sind noch Reste des zur Rheinseite gelegenen Palas, einer zylindrischen Zisterne und des Bergfrieds. Ein mit Inschrift versehener Portalstein erinnert an das einstige Eingangstor am Klever Turm. Südlich vor der Ruine findet sich seit 2014 die von Peter Schwickerath geschaffene Stahlskulptur *Im Kontext*. Mit ihren versetzt aneinandergereihten Rundbögen verweist sie über eines der prägenden, romanischen Stilelemente auf die Baukultur der Errichtungszeit der Kaiserpfalz.

Die kath. Kirche **St. Suitbertus** am Rheinufer (s. Übersichtskarte; Stiftsgasse 3) wurde um die Mitte des 12. Jh.s an der Stelle einer Vorgängerkirche aus dem 8. Jh. errichtet. Ihren Westturm ließ man im 13. Jh. abtragen; im 19. Jh. entstanden zwei Westtürme, die allerdings im Zweiten Weltkrieg teilweise zerstört und nicht wiederhergestellt wurden. Im 13. Jh. wurde die Choranlage erneuert. Die zum Rhein ausgerichtete Westfassade zeigt sich als schlichte Querschnittfassade. Sie wird lediglich durch mehrere mit wulstförmiger Laibung versehene Rundbogenfenster und ein mittiges, spitzbogiges Portal strukturiert. Die Gliederung von Haupt- und Querschiffen erfolgt über ebenfalls rundbogige und vierpassförmige Fenster sowie Rundbogenfriese. Am östlichen Abschluss befinden sich zusätzlich Lisenen, ein Konsolfries sowie Rund-, Spitzbogen- und Fächerfenster. Der nördlichen Querhausfassade ist eine Vorhalle mit teilweise auf Säulen ruhenden, rundbogigen Arkaden und Triforien vorgelagert. Innen zeigt sich der Bau als dreischiffige Pfeilerbasilika mit farbiger Fassung. Das Hauptschiff folgt einem zweizonigen Aufbau mit rundbogigen Arkaden und Obergadenfenstern. Die anschließende Vierung ist über Spitz- und Rundbögen triumphbogenartig ausgestaltet. Den östlichen Abschluss bildet ein zweijochiger Chorbereich mit drei gestaffelten, polygonalen Apsiden. Während der westliche Teil der Kirche flach gedeckt wurde, zeigt der Chor Kreuzrippen- und Kreuzgratgewölbe. Die Hauptapsis mit 5/10-Schluss vermittelt über die Dominanz von hohen Spitzbogenfenstern, Bündelpfeilern und Gewölberippen einen baldachinartigen Eindruck.

Das **Wohnhaus Max Clarenbachs** (An der Kalvey 21 in Wittlaer; s. Übersichtskarte) wurde Anfang des 20. Jh.s nach Plänen von Joseph Maria Olbrich für den Düsseldorfer Landschaftsmaler als Wohn- und Atelierhaus errichtet. Zur gleichen Zeit entwarf der Jugendstil-Architekt das Warenhaus Tietz (S. 69). Auch wenn das Gebäude nach Clarenbachs Tod mehrfach umgebaut wurde, ist es eines der wenigen in der Region erhaltenen Privathäuser Olbrichs. Die Struktur beruht auf einem annähernd rechtwinkligen Grundriss, über dem sich ein EG und darüber ein steiles Mansarddach erheben. Die Gliederung der Fassade erfolgt über hochrechteckige Sprossenfenster. Während die östliche Fassade mehrere Gauben aufweist, zeigt die zum Rhein ausgerichtete Gartenseite im 1. DG eine große, fünfachsige Gaube mit abschließendem Dreiecksgiebel. Die ebenfalls von Olbrich konzipierte Innenausstattung und die auf die Architektur bezogene und seine Idee des Farbengartens veranschaulichende Gartengestaltung blieben nicht erhalten.

Burg Angermund (s. Übersichtskarte; Graf-Engelbert-Straße 72) geht auf eine Anlage aus dem 12. Jh. zurück. 1218–22 wurde diese unter Erzbischof Engelbert von Berg zu einer Grenzfeste ausgebaut und mit dem (größtenteils erhaltenen) Palas versehen. Nachdem die Burg ihre Bedeutung als militärischer Stützpunkt verloren und bis Anfang des 19. Jh.s als Verwaltungssitz gedient hatte, wurde sie als Kellerei genutzt und in den 1980ern schließlich zu einer Wohnanlage umgebaut. Der von einem Wassergraben umgebene Komplex erhebt sich ringburgartig über einem länglich-ovaloiden Grundriss. Der Zugang erfolgt über einen aus dem 15. Jh. stammenden, später erneuerten Torbau im Nordosten, zu dem eine gemauerte Backsteinbrücke führt. Der zweigeschossige, mit Bruchstein errichtete ehem. Palas liegt an der Westseite und wird durch hochrechteckige und flachbogige Sprossen- und Kreuzstockfenster gegliedert. Das hohe, leicht geschweifte Satteldach ist mit mehreren Dachhäuschen versehen. An den Palas und ein niedrigeres Nebengebäude schlossen über die 2 m starke Ringmauer im Osten ursprünglich die Stallungen an. In den 1980ern wurden im Süden und Osten Wohnbauten errichtet. Das in die Ringmauer integrierte Galeriegeschoss der Neubauten erinnert an den einstigen hölzernen Wehrgang der Burganlage.

Schloss Heltorf (s. Übersichtskarte; Heltorfer Schlossallee 100 in Angermund): Eine hier befindliche Hofanlage aus dem 11. Jh. nutzten die Herren von Heldorp als Adelssitz. Im 17. Jh. gelangte das Anwesen in den Besitz der Grafen von Spee. Die heute noch erhaltene, zur Bewirtschaftung der Anlage und zur Versorgung der Burgbewohner dienende barocke Vorburg aus dem 17. Jh. wurde im 19. Jh. an der Nordseite um ein von Heinrich Theodor Freyse entworfenes klassizistisches Herrenhaus ergänzt. Dessen Hauptfassade zeigt einen übergiebelten, dreigeschossigen Mittelrisalit und zwei weit zurückspringende, zweigeschossige Seitentrakte. Die Gliederung erfolgt durch hochrechteckige, teilweise mit Verdachungen versehene Sprossenfenster. Den östlichen bzw. westlichen Abschluss bilden eine im neogotischen Stil entworfene Schlosskapelle und eine nach Plänen von Vincenz Statz errichtete, ebenfalls neogotische Bibliothek mit oktogonalem Grundriss. Gemeinsam mit dem Herrenhaus und der dreiflügeligen, ziegelsteinsichtigen Vorburg im Süden und Osten rahmen sie einen einseitig geöffneten Innenhof. Die u. a. von Heinrich Mücke und Carl Friedrich Lessing geschaffenen Wandgemälde im großen Gartensaal markieren einen Höhepunkt der Historienmalerei der Düsseldorfer Schule. Der das Wasserschloss umgebende **Park** wurde Anfang des 19. Jh.s unter Maximilian Friedrich Weyhe im Stil des englischen Landschaftsgartens angelegt und Anfang des 20. Jh.s durch Walter von Engelhardt umgestaltet. Sehenswert sind die im 19. Jh. angepflanzten Rhododendren, die zweitältesten Deutschlands.

Westlich des Rheins

Im Düsseldorfer Stadtgebiet werden rechts- und linksrheinisches Gebiet über sieben Brücken miteinander verbunden. Im inneren Stadtbereich liegen die **Theodor-Heuss-Brücke**, die ♦ **Oberkasseler Brücke** (1 C5) und die **Rheinkniebrücke** (1 B–C6), die als Teil eines nach dem Zweiten Weltkrieg entwickelten Verkehrskonzepts ähnlich konstruiert und gestaltet sind. Sie wurden unter Leitung des Baudezernenten Friedrich Tamms von einer Gruppe um die Bauingenieure Fritz Leonhardt und Hans Grassl entworfen. Für den Entwurf bestimmend war eine von der Rheinschifffahrt geforderte weite Spannbreite zwischen den Flusspfeilern und ein sich in die Landschaft einfügendes, filigranes Erscheinungsbild. Es entstanden drei Varianten einer Balkenbrücke, die von an Pylonen befestigten, schräg verlaufenden Stahlseilen gehalten wird. Die 1957 eröffnete Theodor-Heuss-Brücke quert den Rhein zwischen Golzheim und Niederkassel. Ihre Gestalt beruht auf einer Konstruktion aus zwei Pylonenpaaren, von denen zu jeder Rheinseite jeweils drei parallele Seilbündel schräg zur Brückenbahn führen. Die weiter südlich gelegene, 1976 vollendete Oberkasseler Brücke und die 1969 eröffnete, kurz vor dem Hafen ansetzende Rheinkniebrücke variieren diesen Typ über die Nutzung eines einzelnen, allerdings höheren Pylonen bzw. Pylonenpaars. An der Stelle der Oberkasseler Brücke befand sich nach dem Zweiten Weltkrieg zunächst eine Dauerbehelfsbrücke. Um den Verkehrsfluss möglichst wenig zu behindern, wurde der Oberbau der neuen Brücke zunächst etwas weiter südlich errichtet und erst nach Abbruch der Behelfsbrücke an den endgültigen Standort versetzt. Ermöglicht wurde dieser Vorgang durch die Konstruktion mit nur einem Pylonen. Dieser erhebt sich kurz vor dem linksrheinischen Ufer zwischen den Fahrbahnen über der Mittelachse und bildete die Voraussetzung für eine ausgeglichene Lastverteilung bei der Verschiebung des Bauwerks. Von dem Pylonen wurden in beide Fahrtrichtungen vier parallele Doppelseile zur Mittelachse des Brückendecks gespannt, die ein Ablösen der Brücke von ihren Widerlagern ermöglichte. Gestalterisch fungieren der Pylon und die von ihm schräg abgehenden Stahlseile in ihrer zum Fluss asymmetrischen Position am linksrheinischen Ufer als Gegengewicht zur dichten Bebauung am rechtsrheinischen Ufer. Aus demselben Grund erhebt sich auch das Pylonenpaar der Rheinkniebrücke am Ufer des Hochwasserbettes auf der linksrheinischen Seite. Zusammen mit dem auf rechtsrheinischem Gebiet liegenden Landtag (S. 83) und dem Rheinturm ist sie ein städtebaulich bedeutendes Element zwischen Rheinuferpromenade (S. 47) und Medienhafen (S. 83 ff.). Wie die anderen beiden Brücken der Brückenfamilie prägt sie mit ihrer

Oberkasseler Brücke

elegant filigranen Gestaltung bis heute das Düsseldorfer Stadtbild. Der an den Brücken erstmals in Deutschland erprobte Typ der Schrägseilbrücke wurde weltweit maßgeblich für die weitere Entwicklung dieses Brückentyps.

Das **Wohnhaus Pankok** (1 B5) geht auf einen Entwurf von Wilhelm Hoppe aus den 1920er Jahren zurück. Bauherr war der Expressionismus-Künstler Otto Pankok. Die klinkerverkleidete Fassade des zweiachsigen Baus wird durch rechteckige Sprossenfenster gegliedert. Die Eingangstür liegt in der rechten Fensterachse. Mittig über dem 1. OG setzt ein fast die gesamte Fassadenbreite einnehmendes Zwerchhaus an. Es tritt nicht aus der Mauerflucht heraus, schließt flach ab und zeigt ein großes, querrechteckiges Fenster. In Material und einheitlich geschlossener Gestaltung weckt der Bau Assoziationen zu den schmalen Einfamilienhäusern holländischer Architektur.

Das **Wohnhaus Nerche** (1 B5) wurde Ende der 1920er nach Plänen von Wilhelm Hoppe erbaut, als Mehrfamilienhaus für den Gartenarchitekten Wilhelm Nerche. An der Ecke zur Düsseldorfer Straße gelegen, besteht es aus zwei im spitzen Winkel zusammenlaufenden Baukörpern. Als Verbindungsglied fungiert eine polygonale Auslucht. Die zur Cimbernstraße gerichtete Fassade ist zweigeschossig angelegt. Das abschließende Walmdach ist mit einem fünfachsig durchlaufenden Dacherker versehen. An der Düsseldorfer Straße ist die Fassade vierachsig und wird über einen zweiachsigen Risalit und daran ansetzenden Dacherker sowie zwei seitliche Dachhäuschen mittig betont. Die nach Westen ausgerichtete Stirnseite ist mit einem Staffelgiebel versehen. Die zurückhaltend moderne Architektursprache bleibt Prinzipien des Expressionismus verpflichtet.

Die neoromanische Kirche **St. Antonius** (1 A–B5) wurde 1909–10 nach Plänen von Josef Kleesattel errichtet. Das Äußere der dreischiffigen Basilika mit kreuzförmigem Grundriss wird von der Zweiturmfassade im Westen bestimmt. Analog zum dreischiffigen Aufbau wurden die Stufenportale zu einer Dreiportalanlage gruppiert. Die Gliederung der Wandflächen erfolgt über rundbogige Fenster, Galerien, Wandvorlagen in Form von Lisenen, Pilastern und Säulen sowie Gesimse, Rundbogen- und Zinnenfries. Die dreigeschossigen Türme werden von Rhombendächern angeschlossen. Über der Vierung erhebt sich ein zusätzlicher Aufbau aus einem großen Turm mit einem rechteckigen Grundriss und vier kleinen Ecktürmen. Das Innere wird durch Rundbogenarkaden, Tonnengewölbe und die ausgeschiedene Vierung mit Kuppeldach bestimmt. Lang- und Pseudoquerhaus münden in apsidiale Abschlüsse.

Ehem. **Stadtsparkasse Oberkassel** (I A5): Der 1929 errichtete Bau geht auf Pläne von Theodor Balzer zurück. Nach Zerstörungen im Zweiten Weltkrieg wurde er in den 1950er Jahren verändert wiederaufgebaut. Weitere Umbau- und Erweiterungsmaßnahmen erfolgten in den 1980ern. Heute beherbergt der Bau auch städtische Verwaltungsräume. Die Backsteinfassade wird von einem leicht vorspringenden Mittelrisalit und unterschiedlich rhythmisierten Reihen aus hochrechteckigen Fenstern gegliedert. Das EG und die Fensterrahmungen der Obergeschosse werden durch Werkstein nobilitiert. Der Zugang erfolgt über eines der beiden den Mittelteil seitlich abschließenden Portale. Das noch original erhaltene östliche wird von einem zweisäuligen Portikus mit figurengeschmücktem Balkon gerahmt.

Die **Auferstehungskirche** (s. Übersichtskarte) wurde 1913–14 nach Plänen von Julius Stobbe und Wilhelm Verheyen zusammen mit Pfarrhaus, Gemeindesaal und Verwaltungsgebäude als Ensemble um einen Vorplatz angelegt. Die Architektur orientiert sich an niederrheinischen Backsteinbauten aus dem 17. und 18. Jh. Die äußere Gestalt wird durch einen südlich ansetzenden Turm mit oktogonalem Grundriss und umlaufender Galerie sowie barockisierende Volutengiebel mit Jugendstilornamentik an den Stirnseiten bestimmt. Portale und vertikal zusammengefasste Oculi und Rechteckfenster werden über Natursteinrahmungen hervorgehoben. Innen zeigt sich der Bau als Saalkirche mit Emporen.

Haus Nakatenus (Kaiser-Friedrich-Ring 94, I B4) wurde in den 1950er Jahren nach Plänen von Bernhard Pfau errichtet. Der quaderförmige Bau reflektiert die Topographie am Oberkassler Rheindamm, indem er zur Straße als eingeschossiger, flacher Baukörper erscheint, sich zum Garten aber über zwei Geschosse öffnet. Diese sind weitgehend mit getönten Scheiben verglast. Die ursprüngliche Verglasung war nicht getönt. Die Innenräume sind als verschieden große Quader versetzt zueinander innerhalb eines großen, zusammenhängenden Wohnraums angelegt.

Rheinbahnsiedlung (s. Übersichtskarte): Die sich an der Hansaallee 33 und dem Heerdter Sandberg 15–35 und 44–52 erstreckende Wohnanlage geht auf Pläne der Architekten Adam Dickmann, Richard Dörschel, Karl Franzius, Walter Hülshoff und Ernst Stahl zurück. Die drei- bis fünfgeschossigen, backsteinverkleideten Häuserzeilen wurden 1927–28 und 1936–37 für die Mitarbeiter der Rheinischen Bahngesellschaft zwischen Industrieanlagen und dem Betriebsgelände der Rheinbahn errichtet. Mit ihren wechselnd kantig und geschwungen gestalteten Baukörpern reagieren sie auf die Kurvatur des Straßenverlaufs. Der an der Kreuzung zur Hansaallee 33 gelegene Eckbau schafft mit seiner konkav einschwingenden Fassade einen städtebaulichen Akzent. Die Strukturierung der übrigen Fassadenabschnitte erfolgt über variierende Geschosshöhen sowie Vor- und Rücksprünge der Baukörper. Die Wandflächen werden von gleichmäßig gereihten, weiß gerahmten, rechteckigen Fenstern durchbrochen. Das EG zeigt eine Gliederung aus umlaufenden, aber rhythmisch unterbrochenen Putzflächen mit

Rheinbahnsiedlung am Heerdter Sandberg

flankierenden Rechteckfenstern. Im 2. und 3. OG werden die Fenster durch Bänder aus verspringenden Backsteinlagen horizontal zusammengefasst. Unterhalb der flach abschließenden Dächer befinden sich niedrigere Geschosse mit horizontalen Fensterbändern oder kleinen quadratischen Fenstern, die teilweise von Blendbögen überfangen werden. Einzelne der mit flachen Vordächern versehenen Hauseingänge sind mit Figuren aus Muschelkalk gestaltet.

Die **Christus-König-Kirche** (s. Übersichtskarte; Maasstraße 25) wurde 1929–30 nach einem Entwurf von Franz Schneider errichtet. Nach ihrer Nutzung durch die Ukrainisch-Kath. und die Ukrainisch-Orth. Gemeinde wurde sie 2010 profaniert und in ein Familienzentrum mit Kindergarten umgebaut. Der längs gerichtete Bau zeigt ein backsteinverkleidetes Souterraingeschoss und ein über Treppenanlagen zu erreichendes, ehemals den Kirchenraum beinhaltendes OG. Die stirnseitige

Hauptfassade ist als Querschnittfassade in der Form eines abgetreppten Giebels gestaltet. Sie verfügt über ein zentrales Portal mit flankierenden Rechtecksäulen und vorgelagerter Freitreppenanlage. Die Wandflächen werden von kleinen Rundbogenfenstern im unteren Geschoss und einer Dreiergruppe aus höheren, schlanken Rundbogenfenstern mit ornamentaler Backsteinrahmung im oberen Bereich gegliedert. In Anlehnung an das Patrozinium zeigt die Wand zusätzlich zwei Reihen aus je zwölf in Backstein ausgeführten Kronen. Der seitenschiffartig angefügte Vorbau an der östlichen Längsseite der Kirche wird von einer Folge aus schlanken Rundbogenfenstern durchbrochen. Die flach abschließende Chorhauswand zeigt einen leicht vortretenden Glockenaufbau. Innen war der in Stahlbauweise errichtete Bau ursprünglich als Saalkirche mit eingezogenem Chorbereich gestaltet. Der Chorraum wurde durch einen von Nischen flankierten Triumphbogen hervorgehoben. Decke und Fenster bildeten durch ihre farbige Gestaltung einen Kontrast zur nüchternen Grundstruktur. Noch heute lässt sich an dem Bau die Verbindung expressionistischer Tendenzen mit Prinzipien der Neuen Sachlichkeit nachvollziehen.

Ehem. **Horten-Hauptverwaltungsgebäude** (s. Übersichtskarte; Seestern 3): Der Bau entstand Anfang der 1960er nach Plänen von Helmut Rhode auf dem aufgeschütteten Gelände der Rampe zur Theodor-Heuss-Brücke (S. 170). Seit der Renovierung Ende des 20. Jh.s dient er unterschiedlichen Nutzungszwecken. Der Komplex besteht aus einer großen, vierflügeligen Anlage mit zwei Innenhöfen und einem zweigeschossigen Anbau. Dem Niveau des Geländes entsprechend erhebt sich der Hauptbau zur Straße über fünf und zur Gartenseite über drei Geschosse. Für die Gestalt bestimmend war ein der Stahlbetonkonstruktion zugrunde gelegtes Rastermodul. Die Fassade des fünfgeschossigen Hauptbaus wird durch horizontale

Fensterbänder und filigrane Aluminiumprofile gegliedert. Das EG liegt leicht zurückversetzt. Ein im 1. OG ansetzender Brückengang verbindet den Hauptbau mit dem östlich gelegenen Nebengebäude. Die Gartenanlage wurde von dem Landschaftsarchitekten Roland Weber gestaltet.

Das **Rank-Xerox-Haus** (s. Übersichtskarte; Emanuel-Leutze-Straße 20) wurde 1968–70 nach einem Entwurf von Hentrich, Petschnigg & Partner (HPP) errichtet. Der Grundriss setzt sich aus einem zentralen Hexagon und drei kleineren, symmetrisch in dessen Kanten eingefügten Sechsecken zusammen. Die Fassade wird durch das Zusammenspiel von umlaufenden Balkonen mit Sichtbetonbrüstungen und dahinterliegenden Fensterbändern bestimmt. Der Kontrast der braunen Tönung der Scheiben mit dem Sichtbeton der durchgehenden Balkonbrüstungen bewirkt eine Betonung der horizontalen Gliederungselemente. Die Erschließung erfolgt über den nach oben auskragenden Kernbau, in dem sich neben Treppen und Aufzügen auch die sanitären und technischen Anlagen befinden. Die äußeren sechseckigen Baukörper sind in unterschiedlich große, trapezförmige und polygonale Teilstücke gegliedert, die als Großraumbüros sowie Einzel- und Pausenräume gestaltet wurden. Nach der Nutzung durch das Technologie- und Dienstleistungsunternehmen dienten die Büroräume verschiedenen Firmen. Struktur und Materialität vermitteln zwischen strukturalistischen und brutalistischen Tendenzen.

Das **Verwaltungsgebäude der Wayss & Freytag KG** (s. Übersichtskarte; Rheinallee 9) wurde 1967–68 nach Plänen von Hentrich, Petschnigg & Partner (HPP) errichtet. Dreigeschossig erhebt es sich über einem quadratischen Grundriss aus einem aufgeschütteten Erdsockel, der sich am Eingangsbereich öffnet. Die Fassade wird von umlaufenden Fensterzonen und vorgelagerten Balkonen mit geschosstrennenden Betonbändern gegliedert. Die Konstruktion basiert auf geschossübergreifenden, zu Vierergruppen zusammengefassten Betonstützen. Wie Fensterrahmungen und Innenwände sind sie entsprechend einem von der kassettierten Betondecke markierten Raster angeordnet. Im Gebäudekern befindet sich ein zentraler Innenhof mit quadratischem Teich.

St. Benediktus (s. Übersichtskarte; Alt-Heerdt 1): Die neogotische Kirche wurde 1844–47 nach Plänen von Heinrich Johann Freyse errichtet. Nach Beseitigung von Schäden infolge des Zweiten Weltkriegs und Erneuerung der Glasfenster nach Entwürfen von Helmut Degenhard in den 1950er Jahren kam es Ende der 1970er zu einer grundlegenden Restaurierung der Kirche. Die Backsteinfassade wird durch einen leicht vorkragenden, dreigeschossigen Westturm mit quadratischem Grundriss und spitzem Pyramidenhelm bestimmt. Die Gliederung der Außenwände erfolgt über Strebepfeiler, spitzbogige Maßwerkfenster, verkröpfte Gesimse sowie Lisenen und Zinnenfries am Turm. Die Eingangsfassade wurde als Dreiportalanlage gestaltet. Innen zeigt sich der Bau als dreischiffige Hallenkirche mit durch Anbauten erweitertem Staffelchor. Spitzbogige Arkaden mit Bündelpfeiler münden in Kreuzgratgewölbe. Die an gotischen Sakralbauten orientierte Stilwahl Freyses ist als Reaktion auf die 1842 erfolgte Wiederaufnahme der Bauarbeiten am Kölner Dom zu verstehen.

St. Sakrament (s. Übersichtskarte; Heerdter Landstraße 270): Der auch als **Bunkerkirche** bekannte Bau wurde ursprünglich von den Nationalsozialisten als Luftschutzbunker konzipiert. Zur Tarnung wurde der auf enteignetem kirchlichen Areal errichtete Hochbunker Kirchengebäuden nachempfunden. Nach dem Krieg wurden die Geschossdecken und Fensteröffnungen gesprengt und der Umbau zum Gotteshaus vom Architekten selbst, Philipp Wilhelm Stang, geleitet. In den 1990er Jahren kam es zu umfangreichen Sanierungsarbeiten. Neben der

Funktion als Kirche und Mahnmal diente das Gebäude 2002–06 auch als Kunstort. 2015 erfolgte die Übergabe an die koptische Gemeinde Düsseldorf, die der Kirche eine Ikonostase hinzufügte. Der Außenbau wird durch den südöstlich ansetzenden, zylinderförmigen Bunkerturm mit laternenartigem, skelettförmig durchbrochenem Aufbau dominiert. Die Wandflächen des längs gerichteten Hauptbaukörpers werden durch vertikale Fensterbahnen gegliedert. Eine zusätzliche Strukturierung erfolgt über die sichtbar gelassenen Schalungsabdrücke der Betonflächen. Innen zeigt sich der Bau als flach gedeckte Saalkirche. Die abgestufte Altarzone wird von zwei Rundpfeilern flankiert.

Der **Betriebshof Heerdt** (s. Übersichtskarte) an der Kreuzung Eupener und Kevelaerer Straße, Heerdter Land- und Burgunderstraße wurde 1928–29 nach Plänen von Eduard Lyonel Wehner und Wilhelm Elmpt für die Rheinische Bahngesellschaft AG errichtet: eine Gleisbauwerkstatt und ein Gebäude mit Verwaltungs- und Sozialräumen sowie Wohnungen für Mitarbeiter. Das Wohngebäude erhebt sich über der zweigleisigen Einfahrt zum Depot. Seine Fassade wird von einem den Hauptbau überragenden und südlich risalitartig vorspringenden Turm mit quadratischem Grundriss dominiert. Die Gliederung des Turms erfolgt über eine großflächig verglaste Sockelzone, schmale hochrechteckige Fenster und verschiedene Muster aus teilweise vorkragenden Ziegeln, die schlanke Lisenen und einen Zinnenkranz ausbilden. Der zurückspringende, viergeschossige Hauptbau wird durch querrechteckige Fenster vom EG bis zum 2. OG und kleinere hochrechteckige Fenster im obersten Geschoss gegliedert. Eine zusätzliche Strukturierung der Wände erfolgt durch ein über die gesamte Fassade verlaufendes Raster aus vorkragenden Ziegeln. Nach oben wird der Bau durch ein über die Mauerflucht reichendes Flachdach abgeschlossen. Ein östlich ansetzender, eingeschossiger

Trakt verbindet den Hauptbau mit einem weiteren vorgelagerten, viergeschossigen Wohnbaukörper. Dieser nutzt ähnliche Gestaltungselemente, wird aber am erhöhten Mittelbau zusätzlich durch zwei schmale Treppenhaus-Risalite gegliedert. Die Materialwahl und die plastisch modellierten Wandflächen der Anlage charakterisieren sie als klassisches Beispiel der expressionistischen Backsteinarchitektur des Rheinlandes.

Museen in Düsseldorf

Die **Akademie-Galerie – Die neue Sammlung** zeigt im Gebäude der Kunstakademie (I D5; s. S. 26) jeweils zum Sommer- und Wintersemester Werke Lehrender sowie bekannt gewordener Absolventen der Akademie. (www.kunstakademie-duesseldorf.de)

Das **Aquazoo Löbbecke Museum Düsseldorf** im Nordpark (s. Übersichtskarte) veranschaulicht mit einer Vielzahl lebender Tiere, anschaulicher Exponate und interaktiver Medien die Vielfalt der Natur. Zum Bau s. S. 160. (www.duesseldorf.de/aquazoo)

Die **Classic Remise Düsseldorf** (Harffstr. 110a) zeigt in einem ehem. Ringlokschuppen, der heute unter Denkmalschutz steht, etwa 300 Oldtimer. (www.remise.de/duesseldorf)

Im **Filmmuseum** (am Alten Hafen, I C6) werden in einer Dauerschau und wechselnden Sonderausstellungen lebendig Filmgeschichte und Filmtechnik vermittelt. Zum Bau s. S. 49. (www.duesseldorf.de/filmmuseum)

Das **Goethe-Museum** (in Schloss Jägerhof, I E5) verfügt über einen umfassenden Bestand an Briefen, Bildnissen, Entwurfsblättern und Erstausgaben des Dichters. Jener beruht auf der Privatsammlung des Verlegers Anton Kippenberg (1874–1950) zu Goethe und seiner Zeit. Sie kam über einen Vertrag mit der Anton-und-Katharina-Kippenberg-Stiftung 1953 nach Düsseldorf. Mit dem Handschriftenarchiv und der Forschungsbibliothek gilt das Museum als eines der wichtigsten Zentren der Goethe-Forschung. Zum Bau s. S. 57. (www.goethe-museum.de)

Das **Heinrich-Heine-Institut** (I D6) zeigt die weltweit einzige Dauerausstellung zu Leben und Werk Heinrich Heines, der 1797 in Düsseldorf geboren wurde, und veranstaltet

Sonderausstellungen zu literarischen, musikalischen und kulturhistorischen Themen. (www.duesseldorf.de/heineinstitut)

Hetjens – Deutsches Keramikmuseum (im Palais Nesselrode, s. S. 49): Weltweit einmalig, zeigt das Institut in einer Dauerschau sowie in Sonderausstellungen die Geschichte der Keramik durch alle Epochen und Kulturen der Welt. (www.duesseldorf.de/hetjens)

Das **imai – inter media art institute** (im NRW-Forum, I C–D4; s. S. 144) thematisiert in einer Videolounge die Geschichte der Videokunst von den 1970er Jahren bis heute. (www.stiftung-imai.de)

Die **Julia Stoschek Collection** (Schanzenstr. 54) ist eine der weltweit größten Privatsammlungen zeitbasierter Kunst. Auf über 3000 m² werden in regelmäßig wechselnden Ausstellungen neben Videos, Filmen, Einkanal- und Mehrkanal-Videoinstallationen, Multimedia-Environments, Performance-, Klang- und Virtual-Reality-Arbeiten auch Werke aus den Genres Fotografie, Skulptur und Malerei gezeigt. (www.jsc.art)

Kai 10 / Arthena Foundation (Kaistr. 10; II A8): In einem ehem. Speicher aus den 1950er Jahren werden in wechselnden Ausstellungen zeitgenössische Werke weltweit renommierter, aber auch weniger etablierter Künstler gezeigt. (www.kaistrasse10.de)

KIT – Kunst im Tunnel liegt zwischen den beiden Autotunnelröhren des 1993 gebauten Rheinufertunnels unter der Düsseldorfer Rheinuferpromenade (I C6/7) und ist über einen weitgehend verglasten Pavillonbau vom Düsseldorfer Architekturbüro Fritschi Architekten zu erreichen. Es zeigt in Wechselausstellungen junge, zeitgenössische Bildhauerei, Malerei, Fotografie, Video- und Installationskunst. (www.kunst-im-tunnel.de)

Die **Kunsthalle** (I D5) verfügt über keine eigene Sammlung, sondern organisiert Wechselausstellungen, teils in Kooperation mit regionalen Kunstakademien – so etwa der Werke der Preisträger des Karl-Schmidt-Rottluff-Stipendiums. Seit 2011 bilden die vielfältigen Kunstszenen Asiens einen Schwerpunkt. Zum Bau s. S. 36. (www.kunsthalle-duesseldorf.de)

Der **Kunstpalast** (I C–D4) beherbergt u. a. eine acht Jahrhunderte umspannende graphische Sammlung sowie Teile der 1710 begründeten Gemäldegalerie des Kurfürsten Jan Wellem. Schwerpunkte sind niederländische und flämische Malerei des 16.–17. Jh.s mit Werken von Rubens bis van Winghe, römische und norditalienische Gemälde des 17.–18. Jh.s mit Werken von Bellotto und Guardi sowie die Malerei des Klassizismus und des 19. Jh.s, besonders der Düsseldorfer Malerschule von 1819–1918 (z. B. Bendemann, Hildebrandt, Hübner, Lessing, Schadow oder Tidemand). Weitere Sammlungsthemen: Gemälde des Expressionismus und des Jungen Rheinlandes, Kunst der Neuen Sachlichkeit und des Konstruktivismus, die Malerei der Brücke und des Blauen Reiters (mit Arbeiten von Ernst Ludwig Kirchner, Erich Heckel und Max Pechstein sowie Wassily Kandinsky, Alexej Jawlensky, Emil Nolde und August Macke), Skulpturen von Ernst Barlach, Wilhelm Lehmbruck, Alexander Archipenko und Rudolf Belling, Kunst nach 1945 (K. O. Götz, Peter Brüning, Winfred Gaul und die Gruppe ZERO mit Heinz Mack, Otto Piene, Günther Uecker; umfangreicher Bestand an Werken der Farbfeldmalerei und der Op Art; Nouveau Réalisme mit Arman und César; Pop-Art mit Roy Lichtenstein und Andy Warhol); mit Werken von Laurie Anderson, Nicole Eisenman, Manuel Graf, Katharina Grosse, Mischa Kuball, Thomas Schütte, Tal R, Michail Pirgelis oder Leunora Salihu reicht der Bestand bis in die Gegenwart. Die unterschiedlichsten Genres sind vertreten: neben der Malerei Skulptur, Kunsthandwerk, Fotografie, zeitgenössisches Design und zeitbasierte Medien. Zum Bau s. S. 145. (www.kunstpalast.de)

Die **Kunstsammlung NRW / K20** (I D5) zeigt Hauptwerke

der klassischen Moderne. Die Dauerausstellung umfasst Werke von Picasso, Matisse, Mondrian und Klee, hochkarätige Gemälde u. a. von Wassily Kandinsky, Max Beckmann und Ernst Ludwig Kirchner, amerikanische Nachkriegskunst mit Arbeiten von Jackson Pollock, Robert Rauschenberg, Jasper Johns und Andy Warhol sowie Werke von Joseph Beuys, Gerhard Richter, Tony Cragg, Katharina Fritsch und Imi Knoebel. Zum Bau s. S. 35. (www.kunstsammlung.de/de/museum/K20)

Die **Kunstsammlung NRW / K 21** (im Ständehaus, II D7) zeigt internationale Gegenwartskunst, also Kunst ab den späten 1980er Jahren, u. a. von Jeff Wall, Rosemarie Trockel, Thomas Schütte, Marina Abramovic, Richard T. Walker, Ei Arakawa, Thomas Struth und Wael Shawky. Zum Bau s. S. 103. (www.kunstsammlung.de/de/museum/K21)

Die **Mahn- und Gedenkstätte Düsseldorf** (im Stadthaus, I D5; s. S. 34) setzt sich in einer Dauerausstellung und Sonderausstellungen mit Aspekten des Nationalsozialismus auseinander, teils künstlerisch, teils dokumentierend. (www.gedenk stättedüsseldorf.de)

Das **Museum für Gartenkunst** (im ehem. Gäste-, Diener- und Wirtschaftsflügel von Schloss Benrath, s. Übersichtskarte; s. S. 123) gibt u. a. mit Gemälden, Skulpturen, Porzellan, Graphiken, Geräten, Büchern, Modellen und Filmen einen umfangreichen Einblick in die Kulturgeschichte der Gärten von der Antike bis zur Gegenwart. (www.schloss-benrath.de/museum- fuer-gartenkunst)

Das **Naturkundemuseum** (im westlichen Flügelbau von Schloss Benrath, s. Übersichtskarte; s. S. 123) befasst sich mit der Natur von Lebensräumen der Region rund um Düsseldorf und zeigt u. a. Teile einer großen Sammlung präparierter Vögel. (www.schloss-benrath.de/naturkundemuseum)

Das **NRW-Forum** (I C–D4) zeigt in wechselnden Ausstellungen interdisziplinär die gegenseitige Durchdringung ästhetischer, gesellschaftlicher und wirtschaftlicher Phänomene und damit verschiedenste (pop-)kulturelle Bereiche wie Fotografie, Design, Mode, digitale Kultur, Werbung und zeitgenössische Kunst. In Festivals, Symposien, Filmvorführungen und Workshops wird der Dialog mit den Besuchern gesucht. Zum Bau s. S. 144. (www.nrw-forum.de)

Die **Privatsammlung Philara** (Birkenstr. 47a; IV G5) zeigt in einer ehem. Glasfabrik über 1700 zeitgenössische Werke aus verschiedenen Gattungen, von etablierten Künstlern der Düsseldorfer Kunstakademie, international agierenden Künstlerpersönlichkeiten und lokalem Nachwuchs. (www.philara.de/de)

Das **Schifffahrtmuseum** (im Schlossturm; I C5; s. S. 48 f.), eines der ältesten Binnenschifffahrtsmuseen Deutschlands, thematisiert Schiffbaugeschichte, Handel und Reisen auf Flüssen sowie die Ökologie des Rheins anhand von Bildern, Filmen und Archivalien. (www.duesseldorf-tourismus.de/attraktionen/schifffahrtmuseum)

Das **Stadtmuseum** (I C6) widmet sich als ältestes Museum Düsseldorfs in Dauer- und Sonderausstellungen der Geschichte, Kultur und Kunst der Landeshauptstadt und ihrer Region, von der Ur- und Frühgeschichte bis in die Gegenwart. Zum Bau s. S. 97. (www.duesseldorf.de/stadtmuseum)

Das **Theatermuseum** (im Hofgärtnerhaus; I D–E5) veranschaulicht in Dauer- und Sonderausstellungen v. a. die Düsseldorfer und nordrhein-westfälische Theatergeschichte und -szene sowie das Theater der Moderne. Zum Bau s. S. 53. (www.duesseldorf.de/theatermuseum)

Im **ZERO-Haus** (Hüttenstr. 104; II E7) lernt man im Rahmen von Führungen die Wirkungsstätten der ZERO-Künstler Heinz Mack, Otto Piene und Günther Uecker kennen, darunter das originale Feueratelier Otto Pienes, und erhält einen Einblick in das Archiv der ZERO Foundation. (www.zerofoundation.de/zero-museum)

Anhang

Nachweis der Karten und Abbildungen

Bayerische Staatsgemäldesammlungen – Alte Pinakothek München (CC BY-SA 4.0 DEED) S. 124 | Die neue Kunstakademie in Düsseldorf. Nach der Natur aufgenommen von W. Gause. In: Die Gartenlaube. Leipzig 1879. S. 717. S. 27 | Düsseldorfer Auktionshaus: S. 48 | imageBROKER.com GmbH & Co. KG / Alamy Stock Photo: S. 81, 152 | Sammlung Mauritshuis: S. 39 | © Hannah Schiefer: S. 88, 175 | HüttenWerke: Karten auf S.24 f., 188–191 und in den Umschlagklappen | Shutterstock/Peeradontax : S. 62 | Shutterstock / Ralf Liebhold: S. 46 | Shutterstock / Miro May: S. 68 | Stadtarchiv Düsseldorf, Sign. 5-1-0-363.0000: S. 11, 53 | Stadtmuseum Düsseldorf / Stefan Arendt, Medienzentrum Rheinland (CC BY 4.0): S. 9 | Wikimedia / Alexostrov (CC BY-SA 3.0 DEED): S. 84 | Wikimedia / Marek Gehrmann (CC BY-SA 4.0 DEED): S. 134 | Wikimedia / [o. A.]: S. 142 | Wikimedia / The Newberry: S. 104 | Wikimedia / Vinzenzjanssen (CC BY-SA 4.0 DEED): S. 171

8
Nordfriedhof
Hugo-Viehoff-Str.
Danziger Str.
Johannstr.
Heinrich-
Ehrhar
Ulmen-
str.
Derendorfer Allee
1
7
Uerdinger Str.
1
Golzheim
Haus Rheinpark
Tannenstr.
Füsilierstr.
Frankenstr.
Roßstr.
Kanonierstr.
Franken-
platz
Str.
Merzige
Metzer
Kennedydamm
Saarbrücker Str.
Zionskirche
Ulmen-
Spichern-
platz
Spich
Geist
Kaisers-
Karl-Arnold-
Platz
Hans-Böckler-Str.
Herz-Jesu-
Kirche
2
GOLZHEIMER
PLATZ
Golz-
heimer
Platz
Ehem. VEBA-
Hauptverwaltung
Rolandschule
Weißenburg-
str.
werther
Draht-
haus
Roßstr.
Golzheimer S.
Collenbachstr.
Glockenstr.
Cecilien-
Rolandstr.
Rhein-
park
Sternhaus
Str.
Lützowstr.
Landesbetrieb
Information u. Technik
Nordrhein-Westfalen
str.
Derendor
allee
Bank-
str.
Robert-
Villa Engelhardt
KENNEDY-
DAMM
Schwerinstr.
Zieten-
Mauerstr.
Jülicher
Wohn- u. Atelier-
haus Wach
Emmericher
Seydlitzstr.
Münsterstr.
Fischerstr.
Kaiserswerther
Klever Str.
3
Cecilien-
Kolpingplatz
Moltke-
Sporthafen
Rheinpark
Lehr-
Pfalzstr.
Blücher-
Münster-
Therme
Str.
Ehem. Amerikan.
Konsulat
ERGOPLATZ/
KLEVER STR.
Nordstr.
str.
Oberlandes-
gericht
Golzheimer
Friedhof
Ufer
allee
Bezirks-
regierung
Str.
Gneisenau-
str.
Parkstr.
1
Fischerstr.
Venloer
Str.
Marschallstr.
RHEIN
ERGO-
Komplex
Nordstr.
Duisburger
Str.
Stern str.
4
Rheinterrasse
Rochusstr.
Kunstpalast
Scheibenstr.
NORDSTRASSE
C
D

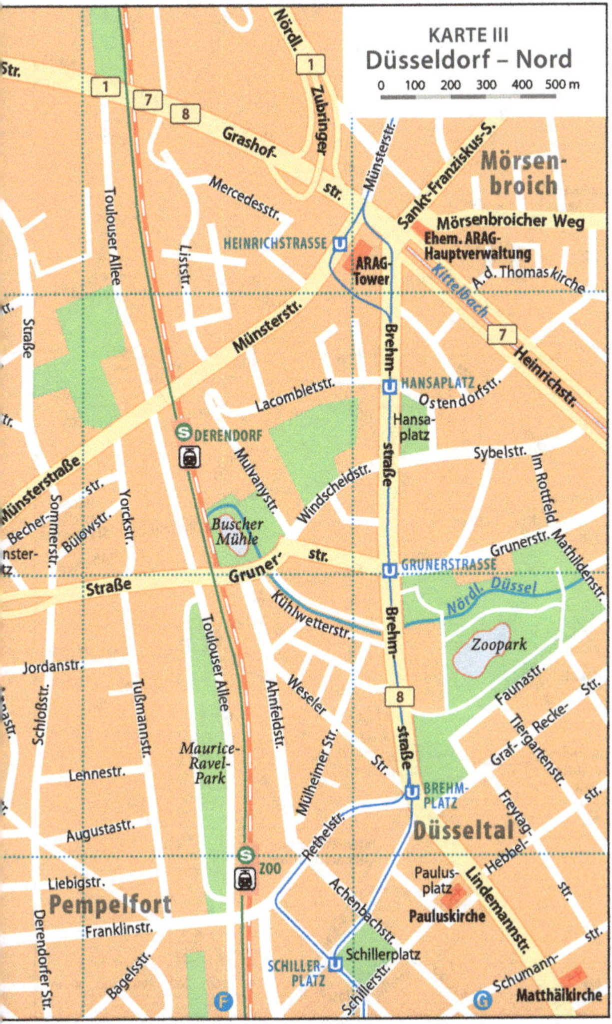

KARTE III
Düsseldorf – Nord
0 100 200 300 400 500 m
Mörsen-broich
Mörsenbroicher Weg
Ehem. ARAG-Hauptverwaltung
A. d. Thomaskirche
Kittelbach
Sankt-Franziskus-S.
Münsterstr.
Nördl. Zubringer
Grashof-str.
Mercedesstr.
HEINRICHSTRASSE
ARAG-Tower
Liststr.
Toulouser Allee
Münsterstr.
Heinrichstr.
Brehm-straße
HANSAPLATZ
Ostendorfstr.
Hansa-platz
Lacombletstr.
DERENDORF
Mulvanystr.
Sybelstr.
Im Rottfeld
Windscheidstr.
Münsterstraße
Straße
Sommerstr.
Becher-str.
Bülowstr.
Yorckstr.
Buscher Mühle
Gruner-str.
Grunerstr.
GRUNERSTRASSE
Mathildenstr.
Gruner Straße
Nördl. Düssel
Kühlwetterstr.
Brehm-straße
Zoopark
Jordanstr.
Schloßstr.
Tußmannstr.
Toulouser Allee
Ahnfeldstr.
Weseler Str.
Faunastr.
Graf-Recke-Str.
Tiergartenstr.
Maurice-Ravel-Park
Mülheimer Str.
Lennestr.
BREHM-PLATZ
Freytag-str.
Augustastr.
Rethelstr.
Düsseltal
Hebbel-str.
ZOO
Liebigstr.
Pempelfort
Paulus-platz
Lindemannstr.
Achenbachstr.
Pauluskirche
Franklinstr.
Derendorfer Str.
Bagelsstr.
SCHILLER-PLATZ
Schillerplatz
Schillerstr.
Schumann-str.
Matthäikirche
1
7
8

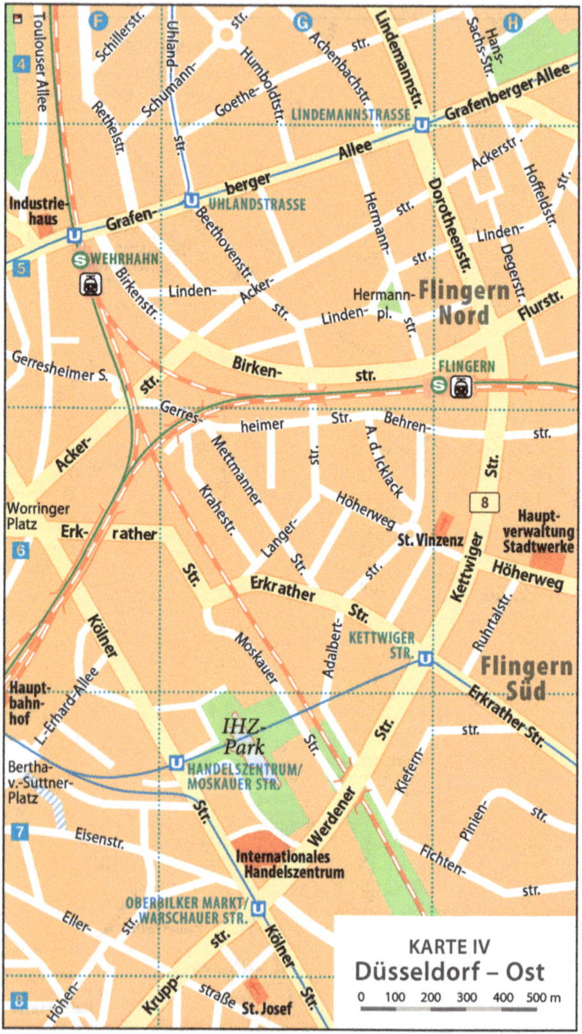

KARTE IV
Düsseldorf – Ost
0 100 200 300 400 500 m
Flingern Nord
Flingern Süd
LINDEMANNSTRASSE
UHLANDSTRASSE
WEHRHAHN
FLINGERN
KETTWIGER STR.
HANDELSZENTRUM/ MOSKAUER STR.
OBERBILKER MARKT/ WARSCHAUER STR.
Industriehaus
Hauptbahnhof
IHZ-Park
Internationales Handelszentrum
Hauptverwaltung Stadtwerke
St. Vinzenz
St. Josef
Worringer Platz
Bertha-v.-Suttner-Platz
Hermann-pl.
Grafenberger Allee
Birkenstr.
Gerresheimer Str.
Erkrather Str.
Kölner Str.
Kettwiger Str.
Werdener Str.
Höherweg
Lindemannstr.
Dorotheenstr.
Toulouser Allee
Schillerstr.
Rethelstr.
Schumannstr.
Uhlandstr.
Goethestr.
Humboldtstr.
Achenbachstr.
Beethovenstr.
Ackerstr.
Lindenstr.
Hermannstr.
Degerstr.
Hoffeldstr.
Flurstr.
Hans-Sachs-Str.
Behrenstr.
A. d. Icklack
Mettmanner Str.
Krahestr.
Langerstr.
Adalbertstr.
Moskauer Str.
Ruhrtalstr.
Kiefernstr.
Pinienstr.
Fichtenstr.
L.-Erhard-Allee
Eisenstr.
Ellerstr.
Kruppstraße
Höhenstr.

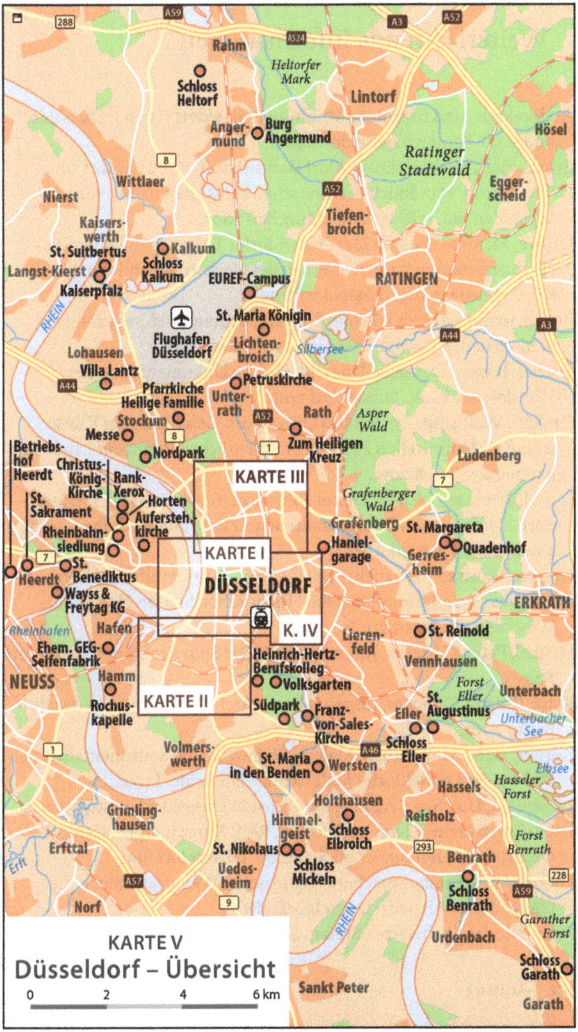

KARTE V
Düsseldorf – Übersicht

0 2 4 6 km

Weiterführende Informationen

Architekten- und Ingenieur-Verein zu Düsseldorf (Hrsg.): Düsseldorf und seine Bauten. Düsseldorf 1904.
Brockerhoff, Michael: Düsseldorf lässt sich sehen. Düsseldorf 2002.
Dehio, Georg: Handbuch der deutschen Kunstdenkmäler Nordrhein-Westfalen. Bd. 1: Rheinland. München 2005.
Droste, Manfred (Hrsg.): Der Düsseldorfer Tausendfüßler. Die Auseinandersetzungen um den Erhalt der Hochstraße und um die Kö-Bogen-Planung. Düsseldorf 2015.
Erwin, Joachim (Hrsg.): Pläne, Projekte, Bauten. Architektur und Städtebau in Düsseldorf 2000 bis 2015. Berlin 2007.
Fischer, Hagen: Das neue Düsseldorf. Eine Dokumentation des Wandels der Stadt. Düsseldorf 2017.
Funken, Wolfgang: Ars Publica Düsseldorf. Geschichte der Kunstwerke und kulturellen Zeichen im öffentlichen Raum der Landeshauptstadt. Essen 2012.
Geisel, Thomas / Nellen, Dieter / Zuschke, Cornelia (Hrsg.): Düsseldorf. Metropole am Rhein. Stadtentwicklung und Städtebau. 2015 | 2020 | 2025. Düsseldorf 2020.
Groten, Manfred / Johanek, Peter / Reininghaus, Wilfried / Wensky, Margret (Hrsg.): Handbuch der Historischen Stätten Nordrhein-Westfalen. Stuttgart 2006.
Henkel, Peter / Wiener, Jürgen (Hrsg.): Die Spur der Steine. Düssedorf 2016.
Kanz, Roland / Wiener, Jürgen (Hrsg.): Architekturführer Düsseldorf. Berlin 2001.
Körner, Hans: Unsichtbare Malerei. Reflexion und Sentimentalität in Bildern der Düsseldorfer Malerschule. Düsseldorf 2022.
Liesenfeld, Ute: Spaziergänge zur Kunst in Düsseldorf. Stuttgart 2021.
Looz-Corswarem, Clemens / Purpar, Rolf: Kunststadt Düsseldorf. Objekte und Denkmäler im Stadtbild. Düsseldorf 1996.
Lücker, Theo: Steine sprechen. Historischer Wegweiser durch die Düsseldorfer Altstadt. Düsseldorf 1983.
Maas, Nicolas / Schweizer, Stefan: Schloss und Park Benrath. Berlin 2016.

Maes, Hans / Houben, Alfons [u. a.]: Düsseldorf in Stein und Bronze. Düsseldorf 1984.
Meier zu Hartum, Marc: »Schaffendes Volk«. Die vergessene Reichsausstellung 1937 in Düsseldorf. Bochum 2018.
Meister, Helga: Düsseldorf. Kunst im Freien. Düsseldorf 2021.
Möller, Gina / Wiener, Jürgen (Hrsg.): Mitten im Leben. Die Kunstsammlung der Stadtwerke Düsseldorf. Düsseldorf 2018.
Müller, Klaus: Jan Wellem. Ein Barockfürst in Düsseldorf. Düsseldorf 2008.
Purpar, Rolf: Kunststadt Düsseldorf. Objekte und Denkmäler im Stadtbild. Düsseldorf 2009.
Schweizer, Stefan / Baier, Christof (Hrsg.): Gärten und Parks in Düsseldorf. Gartenkunst und Landschaftskultur vom 17. bis zum 21. Jahrhundert. Düsseldorf 2017.
Siepmann, Klaus: Die Düsseldorfer Medienmeile. Der Hafen der Kreativen. Köln 2009.
Uerscheln, Gabriele / Gruben, Eva-Maria: Schloss und Park Benrath. Dössel 2012.
Voigt, Corneel / Leisner, Ralf / Beleke, Norbert (Hrsg.): Der Medien-Hafen Düsseldorf. Meile der kreativen Künste. Essen 2001.
Wentz, Paul Ernst: Architekturführer Düsseldorf. Ein Führer zu 95 ausgewählten Bauten. Düsseldorf 1975.
Wiener, Jürgen: Die GeSoLei und die Düsseldorfer Architektur der 20er Jahre. Köln 2001.
– Düsseldorf. St. Andreas. Regensburg 2014.
– / Köpf, Reinhard (Hrsg.): Moderne Glasmalerei Düsseldorf. Glasfenster und ihre Künstler. Mönchengladbach 2021.
– / Pretzler, Georg: Haus der Universität. Düsseldorf 2014.

Internetseiten

Allgemein

www.duesseldorf.de
www.duesseldorf-tourismus.de

Stadtführungen, -rundgänge und -rundfahrten

www.nrw-tourismus.de/o-stadtfuehrungen-in-duesseldorf
www.duesseldorf-tourismus.de/buchen/stadtfuehrungen-und-rundfahrten
www.duesseldorf.de/touristik/touren

Architektur

www.duesseldorf-tourismus.de/erleben/sehenswertes/architektur
www.nrw-tourismus.de/hafenarchitektur

Museen

www.duesseldorf-tourismus.de/erleben/kunst-und-kultur/museen-ausstellungen/alle-museen-und-sammlungen
www.duesseldorf.de/touristik/entdecken/museen

Kirchen

www.duesseldorf.de/touristik/entdecken/kirchen
www.duesseldorf-tourismus.de/erleben/sehenswertes/altstadt/kirchen
www.strasse-der-moderne.de/kirchenbauten/kirchen-im-westen

Musik, Film, Festivals, Theater

www.duesseldorf-tourismus.de/erleben/veranstaltungen
www.duesseldorf.de/kunst-und-kultur/die-duesseldorfer-kulturlandschaft/die-welt-des-theaters

Register

Ackerstraße 77, 78
Airport City 164
Airport City II 164
Akademie-Bibliothek 28
Akademie-Galerie 181
Alte Mälzerei 93
Alter Hafen 49
Alt St. Martin 17, 113
Aluminiumhaus 58
Amerikanisches Konsulat 149
Andreasquartier 30, 34, 35
Angermund 168, 169
AOK-Hauptverwaltung 101
Apollo-Varieté-Theater 82
Aquazoo Löbbecke Museum 28, 160, 181
ARAG-Hauptverwaltung 139
ARAG-Tower 140
Ateliergebäude 27
Atrium-Haus 90
Auferstehungskirche 173
Außenstelle des Polizeipräsidiums 106

Benrath 10, 18, 122–124, 184
Berger Kirche 18, 44
Bertha-von-Suttner-Platz 130 f.
Betriebshof Heerdt 179
Bezirksregierung 147
Bilk 7, 8, 66, 85, 113
Botanischer Garten 119
Bunkerkirche s. St. Sakrament
Burg Angermund 168
Burgplatz 42, 47–49

Carlstadt 10, 18, 47, 49, 95, 110
Carsch-Haus 44
Christus-König-Kirche 175
Classic Remise 181
Commerzbank-Gebäude 98
Courtyard by Marriott 93

Derendorf 8, 20, 158
DFA-Produktionsgesellschaft 90
DOCK 91, 93
Drahthaus 156
Dreischeibenhaus 15, 61, 63, 66, 80

Ehrenhof 13, 16, 20, 26, 29, 50, 52, 122, 142–145
ERGO-Komplex 147, 155
Erkrath 19
EUREF-Campus 163

Fernmeldeamt 72, 103
Filmmuseum 49, 181
Flingern 78, 134
Flinger Straße 30, 43
Float 91
Floragarten 108 f.
Flughafen 155, 163 f.
Franz-von-Sales-Kirche 119
Friedrichstadt 19, 110

Galeriehaus Gruhl 37
Galerie Sevens 68, 70
GAP 15 72, 102
GEG-Seifenfabrik 94
Gemäldegalerie 36, 41 f., 183
Gerling-Konzern 59

Gerresheim 136
Geschäftshaus Ziem 43
GeSoLei 13 f, 20, 52, 107, 121, 142–147, 157
Girardet-Haus 68, 70
Goethe-Museum 57, 181
Goltsteinstraße 64
Golzheim 8, 148, 151, 155, 160, 170
Golzheimer Friedhof 148, 151
Görres-Gymnasium 68, 71 f.
Grand Bateau 86
Grupello-Haus 41

Hafen 16, 19, 21, 47, 83, 89 f., 92 f., 170
Hamm 8, 112
Hanielgarage 137
Hauptbahnhof 19, 129–131
Haus der Universität 72
Haus des Einzelhandelsverbandes 59
Haus Henkel 121
Haus Nakatenus 174
Haus Rheinpark 156
Haus Schneider 165
Heilige Familie 161
Heimatbrunnen 96
Heine Haus Literaturhaus 42
Heinrich-Heine-Institut 181
Heinrich-Heine-Universität 72, 119, 123
Heinrich-Hertz-Berufskolleg 118
Herz-Jesu-Kirche 154
Hetjens – Deutsches Keramikmuseum 49 f., 182
Hildegardis-Kapelle 126 f.
Himmelgeist 122
Hofgarten 10, 12, 16, 18, 27, 29, 35, 50–54, 56 f., 60, 63–65, 67, 143–145
Hofgärtnerhaus 51, 53, 185
Holthausen 121 f.
Horten-Hauptverwaltungsgebäude 176
Hubertusstift 30

Immanuelkirche 111
Industriehaus 77
Internationales Handelszentrum 131

Jacobihaus 55
Jacobi'scher Garten 55
Jagenberg-Fabrik *s.* Salzmannbau
Jan-Wellem-Kapelle 112
Japanischer Garten 159
Johanneskirche 44, 74 f.
Josephskapelle 31 f.
Jugendstilhaus in der Jägerhofstraße 58
Julia Stoschek Collection 182

K 20 35 f., 183
K 21 103, 184
Kai 10 / Arthena Foundation 182
Kai-Center 86 f.
Kaiserpfalz 7, 17, 166 f.
Kaiserswerth 7, 17 f., 165 f.
Kaistraße Studios 87, 89, 93
Kalkum 164
KAP 1 130
Karl-Arnold-Haus 109
Kath. Gemeindeszentrum in Garath 126
Kaufhof *s.* Warenhaus Tietz
Kennedydamm 158

Kiefernstraße 133
KIT 182
Kleve 8 f., 17, 33, 71, 166
Kö-Bogen 64, 68
Kö-Bogen I 21, 52, 64 f., 67
Kö-Bogen II 21, 64 f., 74
Kö-Center 68
Kö-Galerie 68, 71
Kö-Gärtchen 72
Königliches Gymnasium *s.* Görres-Gymnasium
Königlich-Preußische Kunstakademie 12
Königsallee 11, 16, 52, 64 f., 67–72
Kreuzherrenkirche 30
Kreuzkapelle *s.* Jan-Wellem-Kapelle
Kunstakademie 10, 19, 26–29, 42, 144, 181, 185
Kunstgewerbeschule 13, 19, 42
Kunsthalle 36 f., 182
Kunstpalast 142, 144–146, 183
Kunstsammlung NRW 15, 35, 38, 103 f., 183 f.
Kurfürstlich Pfälzische Akademie 18, 26

Lagerhaus des Fischhändlers Carl Maassen 90
Lambertuskirche 8, 32, 44
Lambertusschule 33
Landesbetrieb Information und Technik Nordrhein-Westfalen 152
Landeshaus Düsseldorf 81
Landtag 15 f., 47, 82–84, 107, 171
Land- und Amtsgericht 34 f.
Lantz'scher Park 163
Luisenschule 99
LVA-Hauptgebäude 103

Mahn- und Gedenkstätte 34, 184
Maki Solitaire 92
Malkasten 55 f.
Malkasten-Garten 56
Malkastenstraße 55
Mannesmann-Haus 79, 81
Mannesmann-Hochhaus 15, 79–81
Matthäikirche 138
Medienhafen 16, 21, 47, 86, 88 f., 91, 93, 107, 171
Medienzentrum 89
Merkur Spiel-Arena 21
Messe Düsseldorf 142, 159 f.
Michaelhof 14, 115
Mörsenbroich 140
Münster-Therme 151
Museum für Gartenkunst 125, 184
Myhive Offices Alto 94

Naturkundemuseum 125, 184
Neanderkirche 18, 40, 44
Neckereibrunnen 72
Neuer Stahlhof 100
Neuer Zollhof 86
Neues Wintergartenhaus 89
Niederkassel 170
Nordfriedhof 19, 158
Nordpark 159 f., 181
Nordrhein-Westfälische Akademie 109
NRW-Forum 142, 144 f., 182, 184

Oberbilk 118, 132
Oberkassel 12, 47, 173

Oberkasseler Brücke 19, 26, 46, 142, 170 f.
Oberlandesgericht 149
Opernhaus 60 f.

Palais Schaesberg 29
Palais Spee 97
Palais Spinrath 29
Palais Wittinghof gen. Schell 96
Pauluskirche 139
Pempelfort 51, 59
Petruskirche 161
Phoenix-Haus 28
Pier One 16, 93
Platz der Deutschen Einheit 71
Platz der Medien s. Ueckerplatz
Polizeipräsidium 106
Port Event Center 92
Privatsammlung Philara 185

Quadenhof 137
Quartier Neusser Straße / Lahnweg 107
Quartier Südlich Auf 'm Tetelberg 112
Quartier V24 112

Rank-Xerox-Haus 155, 177
Rathaus 8, 17, 40–42
Ratinger Tor 50 f.
Residenztheater 76
Rheinbahnsiedlung 174 f.
Rheingärtchen 146
Rheinhalle s. Tonhalle
Rheinisch-Westfälische Disconto-Gesellschaft 98
Rheinkniebrücke 16, 46 f., 81 f., 106, 170 f.
Rheinpark 13, 16, 85, 146, 148
Rheinstadion 15, 21
Rheinterrasse 20, 142, 146 f.
Rheinturm 84 f., 107, 171
Rheinuferpromenade 21, 47 f., 82, 171, 182
Rochuskapelle 113
Rochuskirche 56
Rolandschule 154
Ruhrgebiet 12
RWI 4 108

Salzmannbau 117
Schauspielhaus 15, 63 f., 66, 74
Schifffahrtmuseum 49, 185
Schloss Benrath 10, 18, 123, 184
Schloss Elbroich 122
Schloss Eller 120
Schloss Garath 127
Schloss Heltorf 169
Schloss Jägerhof 18, 51 f., 55, 57, 181
Schloss Kalkum 164
Schloss Mickeln 123
Schmela Haus 37
Schwanenmarkt 103
Sicherheitshafen 26 f., 42, 52
Sign! 92
Skulpturengarten 97
Stadthaus 33 f., 38, 184
Stadtmuseum 97, 185
Stadtsparkasse Oberkassel 173
Stadttor 17, 50, 107
Stadtwerke Düsseldorf 134
Stahlhof 13, 100, 102
Ständehaus 19, 103–105, 184
Sternhaus 155
Stiftsgebäude St. Margareta 137

Stiftung imai 182
Stilwerk 76
Stoffeler Friedhof 19, 119
Stummhaus 20, 102
St. Andreas 8, 17, 35, 37–39, 51
St. Antonius 172
St. Augustinus 121
St. Benediktus 178
St. Bonifatius 114
St. Josef 132
St. Margareta 136
St. Maria in den Benden 120
St. Maria Königin 162
St. Matthäus 126 f.
St. Maximilian 95 f.
St. Nikolaus 122
St. Peter 111
St. Reinold 135
St. Sakrament 178
St. Suitbertus in Bilk 116
St. Suitbertus in Kaiserswerth 167
St. Ursula-Gymnasium 29 f.
St. Vinzenz 135
Südpark 118 f.

Tadao Ando Campus & Tower 140
Tausendfüßler 20, 64, 66
Telekomgebäude 72
Theatermuseum 53, 185
The Cradle 94
The Living Bridge 89
Theodor-Heuss-Brücke 157, 170, 176
Theresienhospital 19, 31 f.
Tonhalle 20, 47, 142–145
Tonhalle im Süden 109, 144
Trivago Headquarter 94

U-Bahn-Station Benrather Straße 66
U-Bahn-Station Graf-Adolf-Platz 67
UCI-Kino 91
Ueckerplatz 89
Unterbilk 95
Upper Nord Tower 140
Urdenbacher Kirche 126

Väthbau 79
VEBA-Hauptverwaltung 157
Villa Engelhardt 151
Villa Horion 82
Villa Lantz 162
Volksgarten 19, 118 f.
Volkshaus 43 f.

Walzstahlhaus *s.* Neuer Stahlhof
Warenhaus Tietz 13, 68 f., 168
Wasserstraße 105 f.
Wayss & Freytag KG 177
WDR-Studio 85–87
Wehrhahn-Linie 21, 52, 64, 66
Wersten 118 f.
WestLB 110
Wilhelm-Marx-Haus 14, 20, 45 f., 74
Wittlaer 167
Wohnhaus Max Clarenbachs 167
Wohnhaus Nerche 172
Wohnhaus Pankok 172
Wohn- und Atelierhaus Wach 150
WZ-Center *s.* Girardet-Haus

Zionskirche 153
Zitadelle 8, 10, 17 f., 49, 97
Zum Heiligen Kreuz 140

Zur Autorin

HANNAH SCHIEFER (geb. 1989) ist promovierte Kunsthistorikerin mit Schwerpunkt Architekturgeschichte und -theorie. Sie studierte Kommunikationsdesign und Kunstgeschichte in Köln und Düsseldorf. Bis 2019 war sie Stipendiatin des DFG-Graduiertenkollegs *Materialität und Produktion* an der Heinrich-Heine-Universität Düsseldorf, in dessen Kontext auch ihre Dissertation *Handwerk und Baukunst. Kollaborative Prozesse moderner Architekturproduktion* entstand. Seit 2022 lehrt sie als wissenschaftliche Mitarbeiterin an der HHU. Ihre Lehr- und Forschungsschwerpunkte sind die Sakralarchitektur der Nachkriegsmoderne, zeitgenössische Architekturkonzepte und Entwurfspraktiken, Geschichte und Theorie des Handwerks seit dem Beginn des 20. Jh.s und Themen der ästhetischen Theorie des 20./21. Jh.s, wie Inszenierung, Sakralität, Atmosphäre und Präsenz an der Schnittstelle von Architektur und Design. Der Fokus ihres derzeitigen Forschungsinteresses liegt bei der Frage, welche Rolle transkulturelle architektonische Genealogien für die Konstitution architektonischer Räume und Landschaften sowie die Produktion von Erinnerungen spielen.